경희대학교 아프리카연구센터 총서 2

나이지리아
남부 민담들

엘핀스톤 데이렐 지음 | 홍명희 역

도서출판 디 사 랑

홍명희
   경희대학교 프랑스어학과 교수
   경희대학교 아프리카연구센터 소장

   저역서 및 논문
      『상상력과 가스통 바슐라르』
      『아프리카의 신화와 전설 - 서부 아프리카편』(공역)
      「국내 아프리카연구의 현황과 전망」
      「신화와 예술의 창조」
      「몽상의 신화적 특성」
      「신화의 영속성과 상상력」
      외 다수

※ 이 저서는 2015년 정부(교육부)의 재원으로 한국연구재단의 지원을 받아 수행된 연구임(NRF-2015S1A5B4A01036581)

역자 서문

　이 책은 Folk Stories From Southern Nigeria West Africa (1910)를 번역한 것이다. 이 책의 저자인 엘핀스톤 데이렐 Elphinstone Dayrell(1869-1917)은 19세기 말 영국령 나이지리아 남부의 지방 행정관으로 근무하면서, 자신의 관할 지역의 원주민들로부터 이 이야기들을 채록했다. 그는 영국 왕립 지리협회 회원이자, 왕립 인류학연구소의 회원(1909-1917)이기도 했다. 그러나 그는 전문 작가가 아니었기 때문에 자신이 들은 이야기를 그대로 옮기는 데 주력했다. 그 결과, 본 책에 실린 이야기들은 현대의 관점에서 본다면, 단순하거나 투박하고 때로는 주제조차 일관되지 않지만, 다른 관점에서는 그만큼 원형에 가까운 이야기라고 볼 수 있다. 투박한 문체와 때로는 논리적으로 미흡한 약점에도 불구하고 이 이야기들은 아프리카의 건강한 생명력을 고스란히 간직하고 있다.
　민담은 한 사회의 구성원들 사이에 구전으로 전해지는 이야기들이다. 민담은 '옛이야기'의 형태로 전달되면서, 그 사회의 신화와 전설, 지역성과 시대성을 담게 된다. 구전 문학의 특성상 민담은 전달하는 화자에 의해 변형을 거치면서 전달되지만, 그 변화의 밑바탕에는 변화하지 않는 보편적인 원형을 간직하고 있다. 아프리카의 민담들은 대부분 그 부족의 신화와 전설, 그리고 전통과 풍습을 담고 있다. 구전으로 전해지는 이 민담들은 세대를 거쳐서 전달되면서, 부족의 역사와 전통, 가치관을 다음 세대에 전달한다. 하루 일을 마친 어른들이 밤에 모닥불을 피워놓고 달빛 아래 마을의 어린아이들에게 들려주는 이야기들은, 부족의 역사와 전통, 지켜야 할 규범 등 어린 세대들이 성장하면서 필요한 지혜와 도덕적인 가치관을 담고 있기 때문에, 자연스럽게 부족 고유의 사회화 기능을 한다.

아프리카 신화와 민담들의 특징 중 하나는 대부분의 이야기 속에 동물들이 등장하는데, 이 동물들은 인간과 동물의 속성을 동시에 가지고 있다는 것이다. 민담 속의 동물들은 인간과 같은 이성과 감정, 탐욕과 질투, 그리고 도덕성을 가지고 있다. 그렇기 때문에 동물들이 인간처럼 말하고 행동하는 것이 전혀 이상한 것이 아니며, 인간 사회의 일원으로 생활하면서 인간과 결혼하여 인간을 낳기도 한다. 동물이나 식물이 특별한 능력이나 주술력을 가진다는 점에서 애니미즘이나 토테미즘과의 유사성을 찾을 수도 있으나, 아프리카 민담에 등장하는 동식물이 숭배의 대상이나 금기의 역할을 수행하지 않는다는 점에서 애니미즘이나 토테미즘과는 분명히 구별된다.

  우화나 동화의 세계에서, 말하는 동물이 등장하는 것은 특별한 일은 아니다. 이솝 우화나 라퐁텐느 우화, 또 유아들을 대상으로 하는 수많은 동화에서 많은 동물이나 식물들이 인간의 언어를 사용하고 인간과 대화를 한다. 그러나 우화나 동화 속의 동물들은 대부분 동물의 형체를 한 인간의 상징이거나, 교훈적 내용을 강조하기 위한 메타포인 경우가 대부분이다. 아프리카의 신화와 전설에 등장하는 동물들은 본래의 동물의 속성을 간직하고 있으면서 인간의 속성을 가진다는 점에서 근본적인 차이점이 있다. 즉, 아프리카 이야기에 등장하는 동물들은 필요에 따라 인간 사회의 구성원이기도 하고, 동시에 본래의 야생성을 가지고 있는 동물이기도 하다. 인간의 속성을 가졌다는 점에서 인간의 친구이기도 하면서, 동물의 속성을 가졌다는 점에서 인간과 대립하는 적이기도 한 동물들의 모호한 정체성은 아프리카 신화의 특징 중의 하나다. 이것은 생명의 차원에서 인간과 동물을 동등하게 바라보는 아프리카인들의 세계관으로 해석해야 할 것이다. 삶 자체가 동물들과 떼어서 생각할 수 없었던 아프리카인들이 동물과 사람들을 우주의 동등한 구성원으로 보는 것은 어쩌면 당연한 것일지도 모른다.

  민담 속에서 찾아볼 수 있는 아프리카인들의 또 다른 세계관은 죽음에 대한 태도이다. 아프리카인들도 죽음에 대한 두려움과 공포를 느끼고 있기는 하지만, 죽음 이후의 세계에 대한 태도는 서구의 세계관과 많은 차이를 보인다. 아프리카인들에게 죽음은 현세라는 단계에서 내세라는 단계로 넘어가는 통과의례의 의미를 가지고 있다. 흔히 민간신앙이라는 이름으로 대변되는 아프리카의 종교관에서는, 대부분의 민간 종교가 가족의 죽음을 또 다른 조상신의 탄생으로 본다. 그러므로 죽음은 가족의 상실이라는 슬픔이기도 하면서 또 다른 수호신의 탄생을 축하하는 축제이기도 하다. 이 책의 내용에서도 볼 수 있듯이 아프리카인들에게 삶의 세계와 죽음의 세계의 경계는 뚜렷하지 않다. 죽음의 세계 또는 유령의 나라는 단지 '며칠을 걸어가야 도달할 수 있는' 멀리 떨어진 나라일 뿐이고, 등장인물들은 두 세계의 경계를 넘나든다. 이것은 죽음의 세계가 삶의 세계의 연장이라는 아프리카인의 상상계를 그대로 보여주는 예이다.

이 책의 이야기들은 나이지리아 남부의 칼라바Calabar지역을 중심으로 거주하던 에픽족Efik의 전래 민담이다. 에픽족은 나이지리아의 200여 개 민족들 중 이비비오족Ibibios을 모족(母族)으로 하는 소수 민족이다. 에픽족의 인구는 2009년 현재 약 200만 명 정도로, 전체 나이지리아 인구 1억 5천만 명에 비해 낮은 비중이지만, 지리상의 특성으로 인해 근처의 거대 민족인 이보족Ibo, Igbo과 문화적 공유가 많았을 것으로 짐작된다. 이 책에 소개되는 민담들의 무대인 칼라바 지역은 나이지리아

동남쪽, 카메룬과의 경계에 위치하고 있다. 크로스 강Cross River으로 둘러싸여 있는 이 지역은, 오늘날 크로스리버 주(州)가 되었고, 칼라바는 크로스리버 주의 주도이다. 이곳은 현재 크로스리버 국립공원으로 지정되어 있다.

이 책의 에피소드 중의 하나인 「Why the Sun and the Moon Live in the Sky」는 동화로 각색되어 1969년 칼테콧 오너 북 Honor Book 상을 수상하기도 했다. 이 책의 원문에는 출판 당시 영국의 유명 동화작가였던 앤드류 랭Andrew Lang의 서문이 실려 있었으나, 각 에피소드에 대한 개인적 수준의 평에 그치고 있다는 번역자의 판단에 따라 옮기지 않았고, 에피소드의 순서도 주제별로 재조정하였음을 밝혀둔다.

이 책은 경희대학교 아프리카연구센터에서 기획하고 있는 아프리카의 신화 발굴 프로젝트의 일환이다. 아프리카의 지역별 신화와 전설, 설화 등을 소개할 계획을 가지고 있는 경희대학교 아프리카연구센터에서 이미 발간한 『아프리카의 신화와 전설-서부 아프리카 편』의 후속편으로 번역된 이 책이 서부 아프리카인들의 정신적 유산을 이해하고, 더 나아가 아프리카 전통문화에 대한 이해를 높이는 데 일조하기를 기대해 본다.

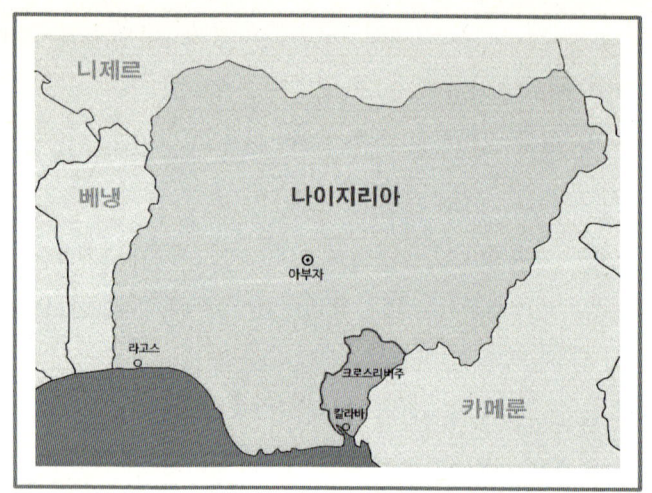

나이지리아 크로스리버 주

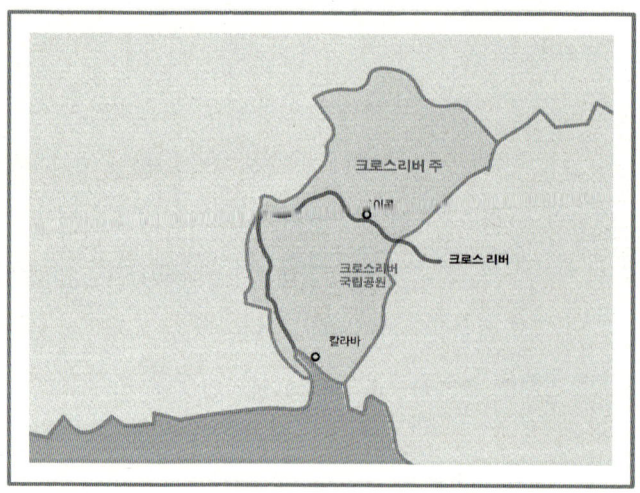

칼라바와 크로스리버

목 차

제1장 신화 · 전설 … 1

해와 달이 하늘에서 사는 이유 ……………………………… 3
번개와 천둥 이야기 ……………………………………………… 5
달은 왜 찼다가 기울까 ………………………………………… 7
죽은 사람들은 왜 매장되는가 ………………………………… 9

제2장 동물 … 11

들소와 코끼리는 왜 사이가 안 좋을까? …………………… 13
거북이와 요술 북 ………………………………………………… 17
표범, 다람쥐, 거북이 이야기 ………………………………… 28
표범, 거북이, 들쥐 이야기 …………………………………… 35
박쥐는 왜 낮에 사람들 눈에 띄는 것을 부끄러워할까? ……… 41
박쥐는 왜 밤에만 날아다닐까? ……………………………… 47
코끼리가 작은 눈을 가진 이유 ……………………………… 49
거북이는 어떻게 코끼리와 하마를 이겼나 ………………… 53
어째서 하마는 물에서 살게 되었을까? ……………………… 56
새들의 왕 '킹 버드' ……………………………………………… 59
매와 부엉이 이야기 ……………………………………………… 63
매가 닭을 죽이는 이유 ………………………………………… 67
파리가 암소를 괴롭히는 이유 ………………………………… 70
고양이가 쥐를 죽이는 이유 …………………………………… 72
물고기는 왜 물속에서 살까? ………………………………… 74
왜 벌레들은 땅속에서 살까? ………………………………… 76

나이지리아 남부 민담들…

'은사사크' 새와 '오두두' 새 …………………………… 78
왕과 '은시아트' 새 ………………………………… 81

제3장 인간 … 85

예쁜 딸을 가진 거북이 …………………………………… 87
수탉의 딸과 결혼한 왕 …………………………………… 93
해골과 결혼한 말 안 듣는 딸 …………………………… 98
왕과 귀신 나무 …………………………………………… 103
녹아 없어진 뚱뚱한 여인 이야기 ……………………… 110
사악한 사냥꾼 …………………………………………… 113
두 개의 피부를 가진 여인 ……………………………… 119
왕을 죽인 아름다운 이방인 이야기 …………………… 130
예쁜 소녀와 질투심 많은 일곱 소녀 …………………… 134
여자, 원숭이, 그리고 아이 ……………………………… 144
이투엔과 왕의 부인 ……………………………………… 148
사람들이 인소판 산에서 크로스 강까지 이주한 이유 ………… 153
고아 소년과 마법의 돌 …………………………………… 157
사악한 노예 여자 ………………………………………… 163
에씨도와 그의 나쁜 친구들 ……………………………… 171
두 마을 사이에 전쟁을 불러온 닭 ……………………… 179
운 좋은 어부 ……………………………………………… 183
북치는 소년과 악어들 …………………………………… 186

··· 나이지리아 남부 민담들 ···

제 1 장

신화 · 전설

배경그림: Efik족 황동접시, 나이지리아 칼라바 지역, 20세기 초, World Museum Liverpool

해와 달이 하늘에서 사는 이유 …

　오래전에는 해와 물은 친한 친구였다. 그리고 둘은 지구에서 같이 살았다. 해는 물의 집에 아주 자주 놀러 왔지만, 물은 한 번도 해의 집을 방문한 적 없었다. 마침내 해는 물에게 어째서 한 번도 자기 집에 놀러 오지 않느냐고 물었다. 물은 해의 집이 충분히 크지 않아서 자기가 식구들과 같이 방문하면, 해를 집 밖으로 밀어내게 될 것이라고 말했다. 물이 말했다.
　"만일 네가 나를 너희 집으로 초대하고 싶다면, 너는 아주 큰 집을 지어야만 해. 그렇지만 미리 말하는데, 그건 정말 엄청나게 큰 집이라야 돼. 왜냐하면 우리 식구들은 정말로 수가 많아서, 방이 많이 필요하거든."
　해는 아주 큰 집을 짓기로 약속을 했다. 그리고는 곧 집으로 돌아왔다. 그의 아내인 달은 그가 문을 열고 들어오자 환하게 미소를 지으며 그를 반겼다. 해는 달에게 자신이 물에게 한 약속을 이야기해줬다. 그리고 다음 날부터 친구를 즐겁게 해줄 큰 집을 짓기 시작했다. 집을 다 짓자, 해는 물에게 다음날 놀러 오라고 말했다.

물이 해의 집에 도착하자, 그는 해를 불러내서 자기가 집에 들어가도 안전하겠느냐고 물었다. 해가 대답했다.

"물론이지! 들어와, 친구야."

그러자 물은 흘러들어오기 시작했고, 물고기들과 모든 수중 동물들이 같이 따라왔다.

금방 물은 무릎 높이까지 차게 되었다. 물은 해에게 아직 안전하냐고 물었다. 해는 다시 그렇다고 대답했다. 그래서 더 많은 물이 들어왔다.

물이 사람의 키 높이만큼 차게 되자 다시 말했다.

"내 식구들이 더 들어오기를 원하니?"

해와 달은 사태파악을 못 하고 둘 다 그렇다고 대답했다. 그러자 물이 더 흘러들어왔고, 마침내 해와 달은 지붕 꼭대기로 올라가 앉게 되었다.

물이 다시 한 번 물어보았고, 똑같은 대답을 들었다. 더 많은 물의 식구들이 밀려들어 왔고, 곧 물은 지붕 꼭대기까지 삼켜버렸다. 해와 달은 할 수 없이 하늘로 올라가는 수밖에 없었다. 그 후로 그들은 영원히 하늘에 머무르게 되었다.

번개와 천둥 이야기 …

　아주 오랜 옛날에 천둥과 번개는 지구 위에서 다른 사람들과 같이 살았다. 그러나 왕은 그들을 다른 사람들의 집에서 될 수 있는 한 멀리 떨어진, 마을의 가장 끝에서 살게 했다.
　천둥은 늙은 엄마 양이었고, 번개는 그의 아들인 어린 양이었다. 어린 양은 화가 나면 밖으로 뛰쳐나가 집들을 불태우고 나무들을 쓰러뜨리곤 했다. 그는 심지어 농장에도 피해를 끼쳤고, 가끔 사람을 죽이기도 했다. 번개가 이런 짓을 할 때마다, 그의 엄마는 그에게 아주 큰 소리로, 당장 멈추고 더 이상 피해를 끼치지 말라고 소리치곤 했다. 그러나 번개는 엄마가 하는 말에 조금도 신경 쓰지 않았다. 그리고 기분이 나빠지면 아주 큰 피해를 끼치곤 했다. 마침내 사람들은 더는 견디지 못하고 왕에게 탄원을 했다.
　그래서 왕은 특별 명령을 내려서 천둥 양과 그의 아들인 번개 양을 마을에서 떠나서 먼 수풀에서 살게 했다. 그러나 이러한 조치는 별로 효과가 없었다. 번개는 화가 나면 여전히 숲을 불태웠고, 가끔 불꽃이 농장들에까지 번져서 농장들을 태워버리곤 했다.

그러자 사람들은 다시 탄원을 했다. 왕은 이번에는 번개와 천둥 둘 다 지구에서 쫓아내서, 하늘에서 살게 했다. 그곳에서 그들은 더 이상의 파괴를 하지 못했다. 그때 이후로도 번개는 화가 나면 예전처럼 피해를 끼쳤다. 여러분은 그의 어머니인 천둥이 번개를 꾸짖으면서 그만두라고 말하는 것을 들을 수 있을 것이다. 그렇지만 가끔은 엄마가 못된 아들에게서 멀리 떨어져 있을 때가 있다. 그럴 때 면, 번개가 화가 나서 피해를 끼치는 것을 볼 수 있지만, 엄마의 목소리는 들리지 않는다.

달은 왜 찼다가 기울까 …

옛날에 몹시 가난한 늙은 여자가 있었다. 그녀는 수풀 속에 있는, 톰보야자나무 잎으로 만든 거적으로 지붕을 덮은 작은 움막에서 살았다. 그녀는 아무도 돌봐주는 이가 없었기 때문에 종종 굶주림에 시달렸다.

그 시절에 달은 대부분 시간을 하늘에서 살았지만, 가끔 지상으로 내려오곤 했었다. 달은 가죽으로 된 피부를 가진 뚱뚱한 여인이었고, 온통 비곗살로 되어 있었다. 그녀는 매우 둥글어서 밤에는 아주 많은 빛을 발하곤 했다. 달은 가난한 늙은 여자를 불쌍히 여겼다. 그래서 달은 그 여자에게 와서 말했다.

"당신은 내 살을 조금 잘라가서 먹어도 돼요."

늙은 여자는 매일 밤 달을 조금씩 잘라서 먹었고, 달은 거의 안 보일 정도로 점점 작아져 갔다. 당연히 달이 내는 빛은 점점 줄어갔고, 그 결과 모든 사람이 불평을 하기 시작했다. 그리고는 어째서 달이 점점 가늘어져 가는지 알아보기 시작했다.

마침내 사람들은 늙은 여자의 집으로 갔는데, 마침 그곳에서 작은 소녀가 자고 있었다. 그 여자아이는 그곳에 잠시 머물러 있었던 것인데, 밤마다 달이 내려오고 늙은 여자가 칼을 가지고 나가서 달로부터 매일 먹을 고기를 잘라내는 것을 보았다. 여자아이는 매우 겁에 질렸기 때문에 사람들에게 모든 것을 이야기했고, 사람들은 늙은 여자의 행동을 감시하기로 했다.

바로 그날 밤, 달은 언제나처럼 지상으로 내려왔다. 늙은 여자는 먹을 것을 얻기 위해서 칼과 바구니를 가지고 나갔다. 그러나 그녀가 달에서 고기를 잘라내기 직전에 모든 사람이 소리를 지르면서 달려들었다. 달은 깜짝 놀라서 다시 하늘로 올라가 버리고 말았다. 그리고는 다시는 지상으로 내려오지 않았다. 늙은 여자는 수풀 속에 버려진 채로 굶어 죽었다.

그 날 이후로 달은 매우 겁에 질려서, 낮 시간의 대부분 동안은 자신의 모습을 숨긴다. 달은 여전히 한 달에 한 번은 매우 가늘어졌다가 다시 뚱뚱해진다. 그리고 아주 뚱뚱해졌을 때는 밤새도록 많은 빛을 발힌다. 그러나 그 기간은 오래 지속되지 못하고, 늙은 여자가 자기 살을 잘라낼 때 그랬던 것처럼 점점 더 가늘어져 간다.

죽은 사람들은 왜 매장되는가 …

　창조주가 남자와 여자 그리고 동물들을 만들었던 이 세상의 처음에는, 그들은 모두 창조의 나라에서 함께 살았다. 창조주는 모든 인간을 뛰어넘는 위대한 추장이었고 매우 친절한 마음을 가진 존재였기 때문에, 누군가 죽으면 매우 가슴 아파했다. 그래서 어느 날, 그는 수석 메신저인 개를 불렀다. 그리고는 개에게 세상으로 가서 모든 사람에게 자신의 말을 전하라고 했다. 앞으로는 누구든 죽게 되면 시신을 건물 안에 안치하고, 그 위에 나무를 태운 재를 뿌리라고 했다. 그러면 죽은 시신은 땅에 남게 되고, 24시간 안에 다시 살아나게 되리라는 것이었다.

　창조주의 메시지를 전하기 위해 개는 길을 떠났다. 그런데 한나절을 여행하자, 개는 지치기 시작했다. 마침 근처에 늙은 여자가 사는 집이 있었기 때문에, 개는 그 안으로 들어갔다. 그 곳에서 개는 고기가 약간 붙어있는 뼈다귀를 발견하고 그것을 뜯어 먹기 시작했다. 그리고는 자신이 전달해야 할 메시지에 대해서 완전히 잊어버리고, 잠이 들어버렸다.

시간이 지나도 개가 돌아오지 않자, 창조주는 양을 불렀다. 그리고 똑같은 메시지를 주어서 지상으로 보냈다. 그런데 양은 매우 멍청한 동물이었다. 양은 길을 가다 배가 고파서 길가의 부드러운 풀들을 뜯어 먹기 시작했다. 그렇지만 시간이 지나자, 양은 자신이 전달해야 할 메시지가 있다는 것을 기억해냈다. 그런데 그것이 정확히 무엇이었는지는 완전히 잊어버렸다. 그래서 양은 사람들에게 가서, 창조주가 자신에게 전달하라고 한 메시지는 누구든 죽으면 땅 밑에 매장되어야 한다는 것이라고 말했다.

시간이 지나서 잠에서 깨어난 개는 자신의 메시지를 기억해냈다. 그래서 개는 마을로 달려가서, 사람들에게 죽은 사람들의 몸 위에 나무를 태운 재를 뿌리고 건물 안에 안치시키면 24시간 후에 다시 살아나게 될 것이라고 말했다. 그러나 사람들은 개의 말을 믿지 않았다. 그들은

"우리는 이미 양으로부터 창조주님의 메시지를 전달받았어. 모든 죽은 사람들은 매장 되어야 한다고 말이야."라고 말했다.

이 일의 결과로 죽은 사람들은 언제나 매장되었고, 개는 메신저로서 기피되고 신뢰를 받지 못하게 되었다. 만일 개가 늙은 여자의 집에서 뼈다귀를 발견하지 않고, 자신의 메시지를 잊지 않았더라면, 죽은 사람들은 지금까지도 살아있을 수 있었을 것이다.

··· 나이지리아 남부 민담들 ···

제 2 장

동물

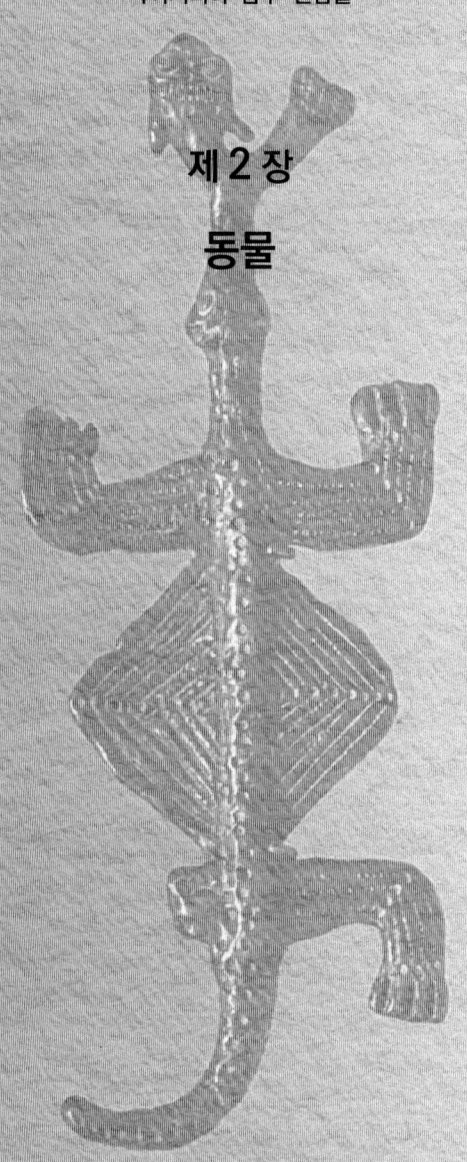

배경그림: 저울추, 서아프리카, 20세기 초, La Rochelle, 자연사 박물관

들소와 코끼리는 왜 사이가 안 좋을까? …

들소와 코끼리는 언제나 사이가 안 좋았다. 그들은 자기들끼리는 언쟁을 가라앉힐 수 없었기 때문에, 추장에게 결정을 맡기기로 합의를 했다.

그들이 사이가 안 좋은 이유는, 코끼리가 언제나 자신의 힘을 모든 친구들에게 자랑하고 다니는 반면에, 들소는 그런 코끼리를 매우 부끄럽게 생각했기 때문이다. 들소는 항상 훌륭한 싸움꾼이었고, 어떠한 인간이나 동물도 두려워하지 않았다. 사건이 추장에게 의뢰가 되자, 추장은 언쟁을 끝낼 가장 좋은 방법은 코끼리와 들소가 넓게 트인 장소에서 서로 싸우는 것이라고 결정했다. 그는 이 대결이, 온 나라 사람들이 싸움의 증인이 될 수 있도록, 다음 장날에 장터에서 이루어질 것이라고 결정했다.

장날이 되자, 들소는 아침 일찍 집을 나왔다. 그는 마을에서 조금 떨어진 곳에서, 시장으로 가는 대로 위에, 자리를 잡았다. 들소는 큰 소리로 울어대면서 땅바닥을 갈가리 파헤쳐 놓기 시작했다. 사람들이 지나가자 들소는 그들에게 '큰, 아주 큰놈'을 보았냐고 물었다. 그것이 코끼리의 이름이었다.

우연히 옆을 지나가던 부시벅이 대답했다.

"나는 아주 작은 영양일 뿐이야. 그리고 나는 시장으로 가는 중이야. 내가 어떻게 '큰, 아주 큰놈'이 움직이는 것을 알 수 있겠어? 그러자 들소는 영양을 통과시켰다.

잠시 후 들소는 코끼리가 '뿌우' 하고 울어대는 소리를 들었다. 그리고 코끼리가 나무를 쓰러뜨리고 작은 관목들을 밟으며 오는 소리를 들을 수 있었다.

코끼리가 들소 가까이 오자, 그들은 서로 상대에게 격하게 부딪혔고, 무지막지한 싸움이 시작되었다. 그 바람에 주변의 농장들이 큰 피해를 입었고, 많은 사람이 시장으로 가던 길에 겁을 먹고서 집으로 돌아갔다.

마침내 나무 사이에서 이 가지 저 가지로 건너 뛰어다니다가, 멀리서 이 싸움을 보게 된 원숭이가 자신이 본 것을 추장에게 알려야겠다고 생각했다. 원숭이는 자신이 하려고 하는 일이 무엇이었는지 몇 번을 잊어버렸지만, 결국에는 추장의 집에 도착했다. 원숭이는 지붕으로 뛰어올라서는 거미를 잡아먹었다. 그리고는 땅으로 다시 기어 내려와서 작은 막대기를 가지고 놀기 시작했다. 그러나 금방 싫증이 났다. 그러자 돌을 하나 집어 들어서는 땅바닥에 아무 방향으로나 앞뒤로 문질렀다. 그러는 동안에도 눈은 다른 곳을 보고 있었다. 이것도 오래가지 못했고 원숭이는 곧 부지런히 온몸을 샅샅이 뒤지기 시작했다.

그때, 요란한 날개 소리를 내면서 집 안으로 푸르륵 날아든 커다란 사마귀가 원숭이의 관심을 끌었다. 자리에 앉자 사마귀는 바로 늘 하던 대로 기도하는 자세를 취했다.

원숭이는 몰래 접근해서 사마귀를 사로잡았고, 차분하게 다리를 하나하나 떼어낸 다음 몸통을 먹어버렸다. 그리고는 머리를 한쪽으로 기울인 채 앉았다. 겉보기에는 매우 현명한 것처럼 보였지만, 사실은 아무 생각도 하지 않고 있었다.

바로 그때 추장이 몸을 긁어대고 있는 원숭이를 발견했다. 그리고는 큰 소리로 소리쳤다.

"야, 원숭이 너냐? 여기서 뭘 하는 것이냐?"

추장의 목소리에 원숭이는 펄쩍 뛰면서, 아무 말이나 지껄여대기 시작했다. 한참 동안 원숭이는 신경이 예민해져서 대답했다.

"아, 예. 당연하죠! 그래요, 저는 추장님을 보러 왔어요." 그리고는 혼잣말을 했다.

"도대체 내가 추장님에게 무슨 말을 하려고 왔었지?"

그러자 추장은 원숭이에게 베란다에 달려 있는 잘 익은 플렌테인 바나나를 하나 먹으라고 했다. 원숭이는 두 번 말하고 싶지 않았다. 왜냐하면 그는 플렌테인을 매우 좋아했기 때문이다. 원숭이는 바로 껍질을 벗기고, 플렌테인을 두 손에 들고서 한입 먹을 때마다 자세히 들여다보면서 한 입 한 입 끝까지 먹었다.

그러고 나서 추장은 코끼리와 들소가 제시간에 도착했었어야 했다는 사실을 상기시켰다. 그들은 대판 싸움을 벌일 것이었기 때문이다. 이 말을 듣자마자 원숭이는 바로 그것이 자기가 추장에게 하려던 말이었던 것을 기억해냈다. 그래서 볼 한쪽에 들어 있던 플렌테인 조각을 삼키고서 "아! 이제 생각났어요."라고 말했다.

그리고는 한참을 떠들어 대고, 온갖 우스꽝스러운 표정을 짓고서야, 마침내 코끼리와 들소가 그들이 원래 약속했던 장소가 아닌 장으로 가는 중앙로에서 싸우고 있다는 것을, 그래서 대부분의 사람들이 마을로 들어오지 못하고 있다는 사실을 추장이 이해하게 만들었다.

추장은 이 말을 듣고 매우 화가 나서 활과 독화살을 가져오라고 하고는 싸움 현장으로 갔다. 추장은 코끼리와 들소를 쏘고 나서, 활과 화살을 버린 후 도망쳐서 수풀 속에 숨었다. 여섯 시간 정도가 지나자, 코끼리와 들소 둘 다 고통스러워하면서 죽었다.

그때 이후로 야생 동물들끼리 싸울 일이 있을 때는, 언제나 도로 위에서가 아니라 울창한 수풀 속에서 싸운다. 그러나 코끼리와 들소의 싸움은 완전히 결판이 나지 않았기 때문에, 숲 속에서 서로 만나게 되면, 지금까지도 그들은 언제나 싸운다.

거북이와 요술 북 …

'에프리암 듀크'는 칼라바의 예전 왕이었다. 그는 평화를 좋아하는 사람이었고, 전쟁을 싫어했다. 그는 아주 멋진 북을 하나 가지고 있었는데, 그 북을 치면 언제나 많은 양의 음식과 마실 것이 나왔다. 그래서 어떤 나라든 그에게 전쟁을 걸어오면, 그는 적들을 모두 식사자리에 불러서 북을 치곤했다. 그러면 놀랍게도, 사람들은 전쟁 대신에 온갖 종류의 요리들, 생선 요리, 푸푸[1], 야자유를 바른 고기, 수프, 조리된 참마와 오크로, 그리고 모두가 다 마실 수 있는 충분히 많은 야자 술이 차려진 탁자들을 보곤 했다. 이렇게 해서 그는 나라 전체를 평화롭게 지켰고, 적들을 포만감으로 행복하고 만족한 기분으로 만들어서 돌려보냈다. 그 북을 소유하고 있는 데에는 한 가지 문제점이 있었는데, 그것은 북의 소유주가 길에 떨어져 있는 막대기를 밟거나 쓰러진 나무를 넘어가면, 모든 음식이 즉시 상해버리고,

---

1) foo-foo, 참마를 삶아서 으깬 음식

300명의 에그보2)들이 몽둥이와 채찍을 들고 나타나서 북의 주인과 모든 초대 손님들을 아주 심하게 두들겨 팬다는 것이다.

에프리암 듀크는 부자였다. 그는 많은 농장과 수백 명의 노예들, 해변에 쌓여있는 많은 양의 견과류들, 그리고 많은 통의 야자유를 가지고 있었다. 그는 또한 왕의 집에 어울리는 50 명의 부인과 많은 자식들이 있었다.

몇 달 간격으로 왕은 모든 신하와 백성들을 초대해서 큰 연회를 열었다. 여기에는 야생 동물들도 초대를 받았다. 코끼리들, 하마들, 표범들, 들소들 그리고 영양들이 초대를 받았고, 이 기간 동안에는 아무런 말썽도 없었다. 동물들은 인간들과 친해졌고, 연회에 참가하고 있는 동안에는 그들은 서로를 죽이지 않았다. 모든 사람들과 동물까지도 왕의 북을 부러워했고 그것을 가지고 싶어 했다. 그러나 왕은 북을 절대로 팔지 않았다.

어느 날 아침, 왕의 부인들 중 하나인 '이크워 에뎀'이 자기 어린 딸을 씻기러 샘으로 데려갔다. 딸아이는 온몸에 부스럼이 나서 몸 전체가 따끔거렸다. 거북이 한 마리가 우연히 샘 위로 나있는 야자수에 올라가서 점심 식사로 먹기 위해 야자열매를 따고 있었다. 그가 야자를 따는 도중 야자열매 하나가 땅으로

---

2) Egbo. 숲 속에 살고 있다고 여겨지는 신비스러운 정령. 종교의식이나 축제 때 주술사나 무당들이 에그보로 분장을 해서 종교적 사회적 의식을 주재한다.
  - 번역자 주

떨어져서 어린 아이 앞에 떨어졌다. 어린 소녀는 맛있는 먹을 것을 보고, 그것을 달라고 울어댔다. 그래서 엄마는 더 좋은 방법을 찾을 수 없어서 야자열매를 집어서 딸에게 주었다. 거북이는 이것을 보자마자 바로 나무에서 내려와서 여자에게 자기 야자열매가 어디 있느냐고 물었다. 그녀는 딸에게 먹으라고 주었다고 대답했다.

그러자 왕의 북을 무척이나 갖고 싶어 하던 거북이는 자신이 이 일을 떠들썩한 소송으로 만들어서, 왕이 자기에게 북을 넘겨주게끔 할 수 있겠다고 생각했다. 그래서 그는 아이 엄마에게 말했다.

"나는 가난한 사람입니다. 그래서 나는 나와 내 가족을 위한 음식을 구하기 위해서 나무에 올라갔습니다. 그런데 당신은 내 야자열매를 가져가서 딸에게 주었군요. 나는 모든 것을 왕에게 말하겠습니다. 자기 부인들 중 한명이 내 음식을 훔쳤다는 이야기를 들으면 왕이 뭐라고 말할지 보아야겠습니다."

이크워 에뎀이 거북이에게 말했다.

"나는 야자열매가 땅에 떨어진 것을 보았고, 나무에서 저절로 떨어진 것으로 생각해서 딸아이에게 먹으라고 주었다. 그러니 그것을 훔친 것이 아니다. 내 남편인 왕은 매우 부자이다. 만일 네가 나나 내 딸에게 어떤 불만이 있다면, 너를 왕에게 데려가겠다."

그래서 딸을 샘에서 씻기는 것을 마치고, 그녀는 거북이를 남편에게 데려갔다. 그리고는 무슨 일이 벌어졌는지를 왕에게 이야기했다. 그러자 왕은 거북이에게 잃어버린 야자열매 대신에 어떤 보상을 바라느냐고 물었다. 그리고 그에게 돈, 옷, 견과류 또는 야자유 등을 제안했지만, 거북이는 그 모든 것을 차례차례 거절했다.

그러자 왕은 거북이에게 말했다.

"무엇을 갖겠느냐? 원하는 것은 무엇이든 가져라."

그러자 거북이는 즉시 왕의 북을 가리켰다. 그리고는 자기는 그것만을 원한다고 말했다.

거북이를 눈앞에서 사라지게 하기 위해서 왕은 말했다.

"좋다. 북을 가져라."

그러나 그는 쓰러진 나무를 넘어가거나 길거리의 막대기를 밟으면 일어날 나쁜 일에 대해서는 거북이에게 한마디도 말해 주지 않았다.

거북이는 이 일에 매우 기뻐했고, 의기양양하게 북을 집으로 가져가서 부인에게 보였다.

"이제 나는 부자야. 더 이상 일을 하지 않아도 돼. 내가 음식을 원할 때는 이 북을 치기만 하면 돼. 그러면 음식이 즉시 나에게 대령될 거야. 좋은 술도 잔뜩 말이야."

그의 아내와 아이들은 이 말을 듣고 매우 기뻐했다. 그리고는 거북이에게 당장 음식을 만들어 보라고 말했다. 그들은 모두 배가 고팠기 때문이다. 그것은 거북이도 매우 하고 싶었던 일이었다. 그는 새로 얻은 이 재산을 자랑하고 싶었고 또 자신도 배가 고팠기 때문에, 왕이 무엇인가를 먹고 싶을 때 하는 것을 보았던 대로 똑같이 북을 쳤다. 그러자 금방 푸짐한 음식이 나왔고, 그들은 앉아서 큰 잔치를 벌였다. 거북이는 이것을 삼일 동안 계속했고, 모든 것은 잘 되어갔다. 그의 아이들은 모두 살이 쪘고, 그들이 먹을 수 있는 만큼 가득 먹었다.

거북이는 북이 매우 자랑스러워졌다. 그래서 자신의 부를 과시하기 위해 그는 왕과 모든 사람들, 그리고 동물들에게 연회에 오라는 초대장을 보냈다. 사람들이 자신들의 초대장을 받았을 때 그들은 웃음을 터트렸다. 왜냐하면 그들은 거북이가 매우 가난하다는 것을 알고 있었기 때문이다. 그래서 연회에는 아주 적은 사람들만이 참석했다. 그러나 북에 대해서 알고 있는 왕은 참석했다. 거북이가 북을 두드리자 언제나처럼 음식이 아주 푸짐하게 나왔고, 모든 사람들은 앉아서 그들의 식사를 맛있게 즐겼다.

그들은 가난한 거북이가 그토록 많은 사람들을 즐겁게 해줄 수 있다는 것에 무척 놀랐다. 그리고 모든 친구들에게 그들 앞에 얼마나 훌륭한 접시들이 놓였었는지, 그리고 그들이 그토록 훌륭한 저녁을 먹어 본적이 없었다는 것을 이야기했다. 참석하지 않았던 사람들은 이 말을 듣고 무척 아쉬워했다. 왜냐하면 남이 차려주는 훌륭한 잔치는 매일 있는 것이 아니기 때문이다. 잔치가 끝난 후 모든 사람들이 거북이를 나라에서 가장 부자들 중의 하나로 바라보게 되었고, 그 결과 거북이는 아주 존경을 받게 되었다. 왕을 제외하고는 그 누구도 어떻게 거북이가 갑자기 그렇게 호화롭게 연회를 열 수 있었는지 알 수 없었다. 그러나 그들 모두는 만일 거북이가 다음에 또 연회를 연다면, 다시는 그것을 거절하지 않겠다고 마음을 먹었다.

 거북이가 북을 갖게 되자, 몇 주 만에 그는 게을러졌고 일을 하지 않게 되었다. 대신에 온 나라를 돌아다니면서 자신의 부를 과시했고 술을 많이 마시게 되었다. 어느 날 멀리 떨어진 농장에서 많은 야자 술을 마시고 난 뒤, 거북이는 자기 북을 집으로 옮기기 시작했다. 그러나 너무도 과음을 했기 때문에 그는 길에 떨어져 있는 막대기를 보지 못했다. 그는 막대기를 밟고 지나갔고, 당연하게도 주술은 난번에 깨어졌다. 그러나 당시에는 아무 일도 일어나지 않았기 때문에 그는 그 사실을 알지 못했다. 그리고 마침내 그는 매우 피곤한 상태로 집에 도착했다. 너무 많이 마셔서 그때까지도 상태가 좋지 않았다. 그는 북을 구석으로 던져 놓고는 잠을 잤다. 아침에 일어났을 때 거북이는 허기를 느꼈고, 그의 아내와 아이들도 음식을 달라고 했다. 거북이는 북을 두들겼다. 그러나 음식이 나오는 대신에 집은 에그보들로 가득 차게 됐고, 그들은 거북이와 그의 아내 그리고 아이들을 사정없이 두들겨 팼다. 이 일을 당하자 거북이는 매우 화가 나서 혼자 말을 했다.

"나는 모든 사람들을 잔치에 초대했는데 몇 명밖에 오지 않았지. 그들은 배터지게 먹고 마셨었어. 이제 내가 나와 내 가족들을 위해서 음식을 원하니까 에그보들이 와서 나를 두들겨 패다니! 좋아, 다른 사람들도 똑같이 당하게 해주겠어. 내가 모든 사람들에게 잔치를 베풀어 줬는데, 왜 나와 내 가족이 맞아야 하는지 이해가 가지 않아."

그래서 그는 당장에 모든 사람들과 동물들에게 그다음 날 오후 세시에 성대한 저녁을 먹으러 오라고 초대장을 보냈다.

시간이 되자 수많은 사람들이 왔다. 그들은 두번 다시 공짜 식사를 할 기회를 놓치고 싶지 않았기 때문이다. 심지어 아픈 사람, 절름발이, 장님들까지도 친구들에게 자기를 잔치에 데려다 달라고 했다. 참석 못한다는 연락을 보낸 왕과 그의 부인들을 제외하고 사람들이 모두 도착하자, 거북이는 여느 때처럼 북을 치고는 재빨리 몸을 감추기 위하여 긴 의자 밑으로 숨었다. 무슨 일이 벌어질지 확실히 알고 있었기 때문에, 그의 아내와 아이들은 연회가 열리기 전에 미리 멀리 보냈다.

그가 북을 치자마자 300명의 에그보들이 채찍을 들고 나타나서 손님들을 내리쳤다. 손님들은 도망칠 수가 없었다. 왜냐하면 문에 사람들이 몰려서 나갈 수가 없었기 때문이다. 매질은 두 시간 동안이나 계속되었다. 사람들은 아주 심하게 얻어맞아서 그들 중 많은 수가 친구들의 등에 업혀서 집으로 돌아가야 했다. 표범이 유일하게 도망친 자였다. 그는 에그보들이 도착하는 것을 보자마자 뭔가 일이 안 좋게 돌아갈 것이라는 것을 알았고, 펄쩍 뛰어 점프를 해서 곧바로 그 집에서 도망쳤다.

사람들이 얻어맞는 것을 보고 만족한 거북이는 문으로 기어가서 문을 열었다. 사람들은 도망갔고, 거북이가 북을 가볍게 치자 모든 에그보들이 사라졌다. 얻어맞은 사람들은 매우 화가나서 거북이를 심하게 비난했다. 그래서 거북이는 왕에게 북을 돌려주기로 마음먹었다. 다음 날 아침 거북이는 북을 가지고 왕에게로 갔다. 그는 왕에게 자기가 북으로는 만족 할 수 없으니 다른 것으로 교환받기를 바란다고 말했다. 거북이는 왕이 북에 대한 권리를 온전히 되찾게 되면, 자기에게 큰 보상을 해 줄 것이라 생각했다. 그래서 그는 많은 노예나 몇 개의 농장들, 아니면 그에 상당하는 옷이나 돈을 받을 것을 기대하고 있었다.

그러나 왕은 거북이의 제안을 거절했다. 대신 거북이에게 마법의 푸푸 나무를 선물로 주겠다고 말했다. 그리고 그 나무는, 한 가지 조건만 지키면 거북이와 그의 가족에게 음식을 제공해 줄 것이라고 말했다. 이 말에 거북이는 기꺼이 그러겠다고 동의했다. 이 푸푸 나무는 일 년에 한번 열매를 맺지만, 매일 푸푸와 수프를 땅에 떨어트린다. 그 조건이라는 것은 주인이 하루에 충분한 음식을 한 번에 거둬야 하고, 더 달라고 해서는 안 된다는 것이었다. 거북이는 왕의 관대함에 감사를 드리고 집으로 돌아와서, 아내에게 바가지를 가져와서 나무에 대라고 했다. 그녀는 그렇게 했고 그들은 온가족이 그날 먹기에 충분한 푸푸와 수프를 모았다. 그리고는 매우 행복하게 집으로 돌아갔다.

그날 저녁 거북이 가족은 잔치를 벌였고 마음껏 즐겼다. 그러나 아주 욕심 많은 한 아들이 생각했다.

"아버지는 이 좋은 음식들을 어디서 구하는 것일까? 아버지에게 물어봐야겠다."

그래서 아침이 되자 그는 아버지에게 말했다.

"이 많은 푸푸와 수프들이 어디서 났는지 말해 주세요."

그러나 그의 아버지는 말해 주기를 거절했다. 약삭빠른 여자인 그의 아내가

"만일 우리가 아이들에게 푸푸 나무의 비밀을 알려준다면, 언젠가 그들이 배가 고플 때 우리가 하루치 식량을 얻고 난 뒤에 애들 중의 하나가 나무로 가서 더 거두려고 할 거고, 그렇게 되면 주술이 깨지게 될 거예요"라고 말했기 때문이다.

그러나 욕심에 사로잡힌 아들은 자기 혼자 먹을 많은 음식을 얻어야겠다고 마음먹었고, 거북이가 음식을 구해오는 곳으로 아버지를 뒤따라가기로 결심했다. 그것은 상당히 어려운 일이

었다. 왜냐하면 거북이는 언제나 혼자 나갔고, 아무도 자기를 따라오지 못하게 극도로 조심했기 때문이다. 그러나 아들은 곧 계책을 하나 생각해냈다. 그는 목이 긴 조롱박을 준비하고 그 끝에 구멍을 하나 냈다. 그리고는 그 조롱박을 아궁이에서 가져온 나뭇재로 채웠다. 그리고 그의 아버지가 식량을 구하러 나갈 때 언제나 등에 메고 가는 가방을 가져왔다. 아들은 가방의 아래쪽에 작은 구멍을 내고 조롱박을 주둥이가 아래쪽으로 향하게 집어넣었다. 그렇게 하면 그의 아버지는 푸푸 나무로 걸어가면서, 자신의 뒤로 작은 흔적을 남기게 될 것이었다.

그의 아버지가 평소처럼 가방을 등에 아무렇게나 둘러매고 하루치 식량을 구하러 나갔을 때, 그의 욕심 많은 아들은 나뭇재의 흔적을 따라갔다. 아들은 몸을 숨기면서 아버지가 미행을 당하고 있다는 사실을 알아채지 못하도록 하기 위해서 극도로 조심을 했다. 마침내 거북이는 나무에 도착해서 땅에 바가지를 놓고 그날 치 음식을 모았고, 아들은 멀리서 그를 지켜보았다. 그의 아버지가 음식을 다 모아서 집으로 오자 아들도 집으로 돌아와서 저녁을 잘 먹었고, 부모에게는 아무 말도 하지 않고 잤다. 다음 날 아침 그는 형제들을 몇 명 불러 모아서, 아버지가 그날 치 음식을 걷어온 후에 나무로 가서, 많은 푸푸와 수프를 모아왔다. 이렇게 해서 주술은 깨어졌다.

낮에 거북이는 여느 때처럼 나무로 갔다. 그러난 그는 나무를 찾을 수 없었다. 왜냐하면 밤새 수풀이 자라서 푸푸 나무가 눈에 보이지 않았기 때문이다. 엄청난 양의 가시 돋친 타이-타이 야자 밖에 보이지 않았다. 그래서 거북이는 단번에, 누군가가 주술을 깨고 나무에서 같은 날에 두 번 수확을 했다는 것을 알았다. 그는 매우 슬퍼하며 집으로 돌아와서 아내에게 이 사실을 말했다. 그리고는 가족을 모두 불러 모아서 어떤 일이 벌어졌는지를 이야기했다. 그리고 누가 이런 못된 짓을 했느냐고 물었다. 그들은 모두 나무에 아무 짓도 하지 않았노라고 부인을 했다. 그래서 거북이는 절망을 하고 온가족을, 전에는 푸푸 나무가 있었지만 지금은 가시 돋친 타이-타이 야자나무만 있는 장소로 데려갔다. 그리고 거북이는 다음과 같이 말했다.

"사랑하는 아내와 아이들아, 나는 너희들을 위해서 할 수 있는 모든 것을 다했다. 그러나 너희는 나의 주술을 깨뜨려 버렸다. 그래서 너희들은 앞으로는 타이-타이 야자나무에서 살아야 한다."

그래서 그들은 가시 돋친 나무 아래 그들의 집을 지었다. 그리고 그날 이후로 여러분은 언제나 거북이가 가시 돋친 타이-타이 야자나무 아래에 살고 있는 것을 볼 수 있을 것이다. 그들은 그곳 말고는 먹을 것을 구할 곳이 없기 때문이다.

표범, 다람쥐, 거북이 이야기 ···

아주 오래전에 지구 전체에 큰 기근이 들었고, 모든 사람이 굶주림에 시달렸다. 참마 농사는 완전히 망쳐버렸고, 플렌테인은 전혀 열매를 맺지 못했다. 땅콩은 모두 말라 비틀어졌고, 옥수수도 열매를 맺지 못했다. 심지어 기름을 짜는 야자열매도 익지 않았고, 후추와 오크로스 농사도 포기해야 했다.

그러나 전적으로 '고기'를 먹고 사는 표범은 이 모든 일에 전혀 신경 쓰지 않았다. 비록 옥수수와 농작물의 싹을 먹고 사는 동물들이 약간 마르기는 했지만, 표범은 크게 개의치 않았다. 모든 동물이 기근에 대해서 호소했기 때문에, 표범은 수고를 덜기 위해서 모든 동물의 모임을 소집했다.

그리고는 다음과 같이 말했다.

"너희들 모두가 알다시피 나는 힘이 세다. 그리고 나는 먹이를 먹어야 한다. 나는 오직 고기만 먹고 살기 때문에, 기근이 나에게는 아무런 영향을 끼치지 못한다. 그렇지만 나는 너희들 모든 동물이 굶주리는 것을 바라지 않는다."

그리고는 표범은 모임에 참석한 모든 동물에게 말했다.

"만일 너희들이 죽고 싶지 않다면, 너희 할머니를 나에게 먹이로 바쳐라. 할머니들이 다 없어지면 그다음에는 너희 엄마들을 먹을 것이다."

동물들이 계속해서 할머니들을 바치면 표범이 순서대로 그들을 먹을 것이고, 그렇게 되면 동물들의 종류가 매우 다양하므로 엄마들이 먹히기까지는 아마도 상당한 시간이 걸릴 것이었다. 그 시간 동안 어쩌면 기근이 끝날 수도 있는 일이었다. 그러나 어떤 경우든, 표범은 자기에게 충분한 음식의 양은 자신이 결정할 것이라고 동물들에게 경고했다. 그리고 만약에 할머니나 엄마들이 오지 않으면, 젊은 동물들을 덮쳐 죽여서 먹을 것이라고 했다.

이러한 표범의 제안은 젊은 동물들에게는 당연히 달갑지 않은 것이었지만, 자신들의 목숨을 부지하기 위해서 젊은 동물들은 표범에게 매일 먹이를 가져다주기로 동의했다.

처음으로 나이든 할머니와 함께 나타난 동물은 다람쥐였다. 다람쥐 할머니는 지저분한 꼬리를 가진 노쇠한 동물이었다. 표범은 다람쥐 할머니를 한입에 삼켜버리고는 더 먹을 것을 찾기 위해서 주위를 둘러봤다. 표범은 화난 목소리로 으르렁거렸다.

"이것은 나에게 맞는 먹이가 아니다. 나는 한 번에 더 많이 먹어야 한다."

그러자 들쥐가 자기 늙은 할머니를 표범 앞으로 밀었다. 그러나 표범은 들쥐 할머니를 보고 으르렁거리며 말했다.

"지저분한 늙은 것을 눈앞에서 치워라. 나는 맛있는 음식을 원한다."

이번에는 영양의 차례였다. 망설임 때문에 한참을 실랑이한 끝에 가엾게도 불쌍하게 마른 암 영양은 비틀거리면서 표범 앞에 쓰러졌다. 표범은 늙은 암 영양을 즉시 처치해 버렸다. 그리고는 비록 식사가 매우 마음에 들지 않았지만 그날의 식욕이 채워졌다고 말했다.

그다음 날 좀 더 많은 동물이 할머니를 바쳤고, 마침내 거북이의 순서가 되었다. 그러나 거북이는 매우 꾀가 많았기 때문에, 자기 할머니가 죽었다는 증거를 만들어 제출했다. 그래서 표범은 거북이를 용서해 주었다.

며칠이 지나자 모든 동물의 할머니들이 다 잡아먹혔고, 이제는 엄마들이 굶주린 표범에게 먹이로 제공되어야 할 순서가 되었다. 대부분의 젊은 동물들은 자기 할머니를 없애는 것에 대해 개의치 않았었다. 왜냐하면, 그들은 할머니들에 대해서 잘 몰랐었기 때문이다. 그러나 자기들이 좋아하는 엄마를 표범의 먹이로 제공하는 것에 대해서는 강한 거부감을 표시했다.

강한 반대자 중에는 다람쥐와 거북이가 있었다. 모든 것에 대해서 용의주도한 거북이는 모든 동물이 자기 엄마가 살아있다는 것을 알고 있기 때문에 (엄마 거북이는 정감 있는 동물이었고, 모든 동물에게 친절했기 때문이다), 지난번과 같은 똑같은 변명이 이번에는 통하지 않으리라는 것을 알았다. 그래서 거북이는 엄마에게 야자나무에 올라가 있으면, 자기가 기근이 끝날 때까지 음식을 가져다주겠다고 말했다. 거북이는 엄마에게 매일 바구니를 내려주면 자기가 그 안에 음식을 넣어 주겠다고 했다. 거북이는 엄마를 위해서 바구니를 만들었고, 바구니에 긴 줄을 매달았다. 줄은 매우 튼튼해서 거북이가 엄마를 보고 싶으면, 엄마가 거북이가 담긴 바구니를 끌어 올릴 수 있었다.

며칠 동안은 모든 것이 잘 되어갔다. 새벽녘에 거북이는 자기 엄마가 살고 있는 나무 밑으로 가서 바구니에 음식을 넣어 주었다. 그러면 늙은 거북이 엄마는 바구니를 끌어 올려서 음식을 먹었다. 그러고 나서 거북이는 늘 하던 식으로 느릿느릿 하루 일을 보러 나갔다.

그러는 사이에 표범은 매일 매일 음식을 먹었고, 모든 할머니가 사라지고 나서 다람쥐에게 첫 번째 순서가 왔다. 다람쥐는 엄마를 표범에게 바쳐야만 했다. 왜냐하면 다람쥐는 가난하고 약한 존재였고, 무엇보다 꾀라고는 전혀 없었기 때문이다. 그러나 다람쥐는 자기 엄마를 매우 좋아했었고, 엄마가 잡아먹히고 나자 거북이가 자기 할머니를 표범에게 보내지 않았다는 사실을 기억해 냈다. 그래서 다람쥐는 거북이의 움직임을 지켜보기로 했다.

바로 그다음 날 아침 다람쥐가 도토리를 모으고 있을 때, 거북이가 천천히 수풀 사이로 걸어가는 것을 보았다. 다람쥐는 나무 위로 높이 올라가서 매우 빠르게 움직일 수 있었기 때문에 어려움 없이 들키지 않고 거북이를 지켜볼 수 있었다. 거북이가 자기 엄마가 살고 있는 나무 밑동에 도착하자, 거북이는 엄마가 미리 내려놓은 바구니에 음식을 담았다. 그리고는 바구니에 올라타서 모든 것이 잘 됐다는 신호로 줄을 잡아당겼다. 그러자 거북이 엄마는 바구니를 끌어 올렸고, 잠시 후에 거북이는 바구니를 타고 내려왔다.

다람쥐는 이 모든 것을 지켜보았다. 그리고 거북이가 자리를 뜨자마자 곧바로 이 가지에서 저 가지로 점프를 해서 금방 표범이 낮잠을 자고 있는 곳에 도착했다.

표범이 일어나자 다람쥐가 말했다.

"당신은 나의 할머니와 어머니를 잡아먹었죠. 그렇지만 거북이는 당신에게 아무것도 가져다주지 않았어요. 이번에는 그의 차례인데, 그는 자기 엄마를 나무속에 숨겨 놓았어요."

그 말을 듣고 표범은 매우 화가 났다. 그래서 다람쥐에게 당장 거북이 엄마가 살고 있는 나무로 자기를 인도하라고 했다. 그러나 다람쥐가 말했다.

"거북이는 새벽에만 그곳에 갑니다. 그때만 거북이 엄마가 바구니를 내려보내거든요. 그러니까 당신이 아침 일찍 가면, 그녀가 당신을 끌어 올릴 것이고, 당신은 그녀를 죽일 수 있을 거예요."

표범은 그렇게 하기로 동의했고, 다음 날 아침 새벽녘에 다람쥐가 찾아와서 표범을 거북이 엄마가 숨어 있는 나무로 데려갔다. 늙은 거북이는 그날 먹을 음식을 위해서 벌써 바구니를 내려놓은 상태였다. 표범은 바구니 안에 들어가서 줄을 잡아당겼다. 그러나 바구니는 잠깐 움찔했을 뿐 아무 일도 일어나지 않았다. 늙은 거북이 엄마는 무거운 표범을 끌어 올릴 만큼 힘이 세지 못했던 것이다. 표범은 자기가 끌어올려 지지 않을 것이라는 것을 알게 되자, 나무 위로 기어 올라갔다. 표범은 나무를 오르는 데는 선수였기 때문이다. 나무 꼭대기에 올라간 표범은 불쌍한 늙은 거북이를 발견했지만, 그의 껍데기가 너무 단단해서 먹을 가치가 없다고 생각했다. 그래서 아주 격노해서 거북이를 땅바닥으로 던져버리고는 나무에서 내려와서 집으로 돌아갔다.

이 일이 있은 지 얼마 지나지 않아 거북이가 나무에 도착했다. 거북이는 땅바닥에 있는 바구니를 발견하고 늘 하던 신호대로 줄을 잡아당겼다. 그러나 아무런 대답이 없었다. 그러자 거북이는 주변을 살펴보았다. 얼마 지나지 않아 불쌍한 거북이 엄마의 부서진 껍질이 발견되었고, 거북이 엄마는 그 안에서 죽어

있었다. 거북이는 즉시 표범이 자기 엄마를 죽였음을 알았다. 그래서 거북이는 앞으로 자기는 혼자 살 것이며, 다른 동물들과는 결코 어떠한 관계도 갖지 않겠다고 결심했다.

표범, 거북이, 들쥐 이야기 …

대 기근이 들었던 시절에, 모든 동물들이 먹지를 못해서 매우 야위고 쇠약해졌다. 그러나 여기에는 예외가 있었으니, 거북이와 그의 식구들이었다. 그들은 아주 살이 쪘고 전혀 고통을 겪지 않는 것처럼 보였다. 표범조차도 매우 야위었다. 그가 동물들과 했던 할머니와 엄마들을 자기에게 먹이로 바친다는 합의에도 불구하고 말이다.

기근의 초창기에, 기억하시겠지만, 표범은 거북이의 엄마를 죽였고, 그 결과 거북이는 표범에게 몹시 화가 나서, 그에게 복수하리라 결심했다. 아주 똑똑했던 거북이는 숲 한가운데서 물고기로 가득 차 있는 얕은 호수를 발견했다. 매일 아침 거북이는 호수로 가서, 큰 어려움 없이 자기와 가족들을 위해 충분한 먹이를 가지고 왔다.

어느 날 표범은 거북이를 만났고, 그가 매우 살이 쪄있다는 것을 알아차렸다. 자신도 매우 말라 있었기 때문에, 표범은 거북이를 지켜보기로 했다. 그래서 다음 날 아침, 표범은 거북이 집 근처의 키 큰 풀 속에 숨어서 참을성 있게 기다렸다. 마침내 거북이가 아주 무거워 보이는 바구니를 나르며 느릿느릿 도착했다. 그러자 표범은 용수철처럼 튀어나와서 거북이에게 말했다.

"바구니 안에 든 것이 뭐지?"

거북이는 자기 바구니를 잃고 싶지 않았기 때문에, 땔감을 집으로 가지고 가는 중이라고 대답했다. 그러나 표범은 아주 날카로운 후각을 가지고 있었기 때문에 바구니 안에 물고기들이 들어있다는 것을 바로 알았다. 그래서 표범은 말했다.

"그 안에 물고기들이 있다는 것을 알고 있다. 내가 그것을 먹어야겠다."

힘없는 동물이었기 때문에 거절할 처지가 아니었던 거북이가 말했다.

"좋아요. 그늘이 드리우는 이 나무 밑에 앉읍시다. 당신이 불을 피우면, 나는 집에 가서 후추와 기름, 소금을 가지고 올게요. 그리고 나서 같이 먹읍시다."

표범은 이 말에 동의했다. 표범은 마른 나무들을 찾아서 불을 피우기 시작했다. 그러는 동안에 거북이는 뒤뚱거리며 집으로 향했고, 곧 후추와 소금, 기름을 가지고 나타났다. 거북이는 긴 타이-타이 줄기도 가지고 왔는데, 그것은 아주 튼튼했다. 거북이는 타이-타이 줄기를 땅 위에 놓고, 물고기들을 끓이기 시작했다. 그리고는 표범에게 말했다.

"물고기가 익기를 기다리는 동안, 우리 나무에 묶는 놀이를 합시다. 먼저 당신이 나를 묶어요. 내가 '묶었다!' 하면 당신은 줄을 풀어야 하고, '풀었다!' 하면 줄을 당겨야 해요."

배가 매우 고팠던 표범은 이 게임이 물고기가 익을 때까지 시간을 빨리 가게 할 것으로 생각했다. 그래서 그는 게임을 하자고 했다. 그러자 거북이는 나무를 등지고 서서 말했다.

"풀었다!"

그러자 표범은, 게임의 규칙에 따라서, 거북이를 타이-타이 줄기로 묶기 시작했다. 곧바로 거북이가 소리쳤다.

"묶었다!"

그러자 표범은 곧바로 줄을 느슨하게 했고 거북이는 자유롭게 되었다. 그러자 거북이가 말했다.

"자, 표범님, 이제 당신 차례예요."

그래서 표범은 나무를 등지고 서서 거북이에게 줄을 풀라고 소리쳤다. 그러자 거북이는 즉시 아주 빠르게 표범을 타이-타이 줄기로 몇 바퀴 돌려서 나무에 묶었다. 그러자 표범이 말했다.

"묶었다!"

그러나 자신이 정했던 규칙에 맞춰서 게임을 하는 대신에, 거북이는, 표범 발톱의 사정 거리에 들어가지 않도록 극도로 신경 쓰면서, 점점 더 빠르게 밧줄을 가지고 표범의 주위를 돌았다. 그리고 곧 표범을 단단하게 묶어버렸다. 표범은 아무리 애를 써도 스스로 줄을 풀고 나올 수가 없었다.

그러는 동안 표범은 거북이에게 자기는 이제 게임에 싫증이 났으니 줄을 풀라고 소리쳤다. 그러나 거북이는 큰소리로 웃기만 했다. 그리고 불 가에 앉아서 식사를 하기 시작했다. 식사를 마치자, 거북이는 남은 물고기들을 가족들을 위해서 포장을 했다. 그리고는 갈 준비를 했다. 그러나 떠나기 전 표범에게 말했다.

"너는 우리 엄마를 죽이고 이제는 내 물고기까지 뺏으려고 했다. 내가 호수에 가서 물고기를 잡는 것은 너에게 주기 위해서가 아니야. 나는 너를 굶어 죽도록 이곳에 놔둘 거야."

거북이는 남은 후추와 소금을 표범의 눈에 뿌렸다. 그리고는 고통에 울부짖는 표범을 놔두고 조용히 자기 갈 길을 갔다.

그날 하루 종일 그리고 밤새도록, 표범은 누군가가 와서 자기를 풀어달라고 소리쳤다. 그리고 거북이에 대해서 온갖 종류의 복수를 맹세했다. 그러나 아무도 오지 않았다. 숲 속의 사람들과 동물들은 표범의 소리를 듣지 못했기 때문이다.

아침이 되자 동물들이 먹이를 먹으러 나오기 시작했다. 표범은 보는 동물마다 자기에게 와서 줄을 풀라고 소리쳤다. 그러나 동물들은 모두 거절했다. 왜냐하면 그들은 만일 표범을 풀어준다면, 표범은 분명히 자기들을 단번에 죽여서 먹어버릴 것을 알고 있었기 때문이었다.

　마침내 들쥐 한 마리가 근처에 왔다가 표범이 나무에 묶여있는 것을 보고, 어떻게 된 것이냐고 물었다. 그러자 표범은 자기가 거북이하고 '묶어!', '풀어!' 게임을 하고 있었는데, 거북이가 자기를 묶어놓고 그곳에 굶어 죽게 내버려 뒀다고 말했다. 표범은 들쥐에게 날카로운 이빨로 줄을 끊어달라고 애원했다. 들쥐는 표범이 매우 불쌍하게 느껴졌다. 그러나 들쥐는 만일 표범을 풀어준다면, 표범이 자기를 죽일 것이고, 자기는 표범에게 먹히게 되리라는 것을 알고 있었다. 그래서 들쥐는 망설였고, 결국 자기는 밧줄을 끊는 법을 잘 모른다고 말했다.

　그러나 이 들쥐는 친절한 마음씨를 가지고 있었고, 자신도 함정에 빠져본 경험이 있었기 때문에 표범의 불편한 상황에 대해서 공감할 수 있었다. 그래서 들쥐는 잠시 생각을 했고, 갑자기 계획이 떠올랐다. 먼저 그는, 표범의 고함소리를 완전히 무시하면서, 나무 아래에 구멍을 팠다. 구멍을 다 파자 들쥐는 밖으로 나와서 밧줄 중의 하나를 끊었다. 그리고는 즉시 그 구멍으로 도망가서, 일이 어떻게 되는지 알아보기 위해 기다렸다. 표범은 미친 듯이 몸부림을 쳤지만, 줄을 풀지는 못했다. 거북이가 밧줄을 아주 단단히 묶어 놓았던 것이다. 잠시 후에 아무런 위험이 없다는 것을 확인하자, 들쥐는 살금살금 다시 나와서 아주 조심스럽게 또 다른 밧줄을 갉아댔다. 그러고는 아까처럼 자기 구멍으로 다시 들어갔다. 또다시 아무 일도 일어나지 않았다. 그러자 들쥐는 더욱 안심되기 시작했다. 그래서 들쥐는 다른 줄들을 하나하나 갉아대기 시작했고, 마침내 표범은 풀려났다. 배가 고파 죽을 지경이었던 표범은 들쥐에게 감사를 표시는 대신에, 풀려나자마자 큰 발톱을 들이대면서 들쥐에게 달려들었다. 그러나 들쥐가 재빨리 자기 구멍으로 들어가 버리는 바람에 간발의 차이로 놓치고 말았다. 그러나 들쥐도 온전하게 도망친 것이 아니어서, 표범의 날카로운 발톱이 들쥐의 등에 상처를 냈고, 그 흔적은 죽을 때까지 남게 되었다.

 그때부터 들쥐는 등에 하얀 반점을 가지게 됐는데, 그것은 표범 발톱의 흔적이 남은 것이다.

박쥐는 왜 낮에 사람들 눈에 띄는 것을 부끄러워할까? …

옛날에 일곱 마리의 새끼 양을 데리고 사는 늙은 엄마 양이 있었다. 어느 날 박쥐가 장인을 만나러 가려고 했는데, 박쥐의 장인은 하루 종일 걸어가야 도착할 수 있는 거리에 떨어져 살았다. 박쥐는 어미 양에게 와서 자기 짐을 나르도록 어린 양들 중 한 마리를 빌려달라고 했다. 처음에 어미 양은 거절을 했다. 그러나 어린 양은 여행을 몹시 하고 싶어 했고, 세상 구경을 하고 싶어 했기 때문에, 어미 양에게 가게 해달라고 졸라댔다. 결국, 어미 양은 마지못해 승낙했다. 그래서 아침에 동이 틀 때, 박쥐와 어린 양은 같이 길을 떠났다. 어린 양은 박쥐의 음료용 뿔잔을 날랐다. 그들이 여정의 반쯤 도달했을 때, 박쥐는 어린 양에게 뿔잔을 대나무 밑에 놓아두라고 했다.

그들이 집에 도착하자마자 박쥐는 뿔잔을 가져오라고 어린 양을 돌려보냈다. 어린 양이 가자, 박쥐의 장인은 박쥐에게 음식을 내왔다. 그러자 박쥐는 어린 양 몫도 남겨놓지 않고, 음식을 다 먹어 버렸다. 어린 양이 돌아오자 박쥐가 말했다.

"이런! 마침내 도착했군. 그렇지만 너는 식사 시간에 너무 늦게 왔어. 식사가 다 끝나버렸어."

그리고는 박쥐는 어린 양에게 뿔잔을 다시 가져다 놓으라고 했다. 어린 양이 다시 돌아왔을 때는 또 식사 시간에 늦었다. 어린 양은 저녁 식사도 하지 못하고 잠자리에 들었다.

다음 날 식사 시간 직전에 박쥐는 다시 어린 양에게 음료용 뿔잔을 가져오라고 시켰다. 그리고 음식이 나오자 아주 대식가인 박쥐는 또다시 그것을 다 먹어버렸다. 박쥐가 하는 이런 비열한 행동은 나흘 동안이나 계속되었고, 마침내 어린 양은 매우 마르고 허약해졌다. 박쥐는 그다음 날 집으로 돌아가기로 했고, 그의 짐은 어린 양이 다 날라야 했다. 어린 양이 집에 도착하자 엄마에게 자기가 박쥐로부터 받은 대접에 대해 울면서 이야기를 했고, 온몸의 통증으로 인해서 밤새도록 '매애—' 하고 울었다. 어린 양을 매우 사랑하는 늙은 엄마 양은 자기 자식을 그렇게 잔인하게 굶긴 박쥐에게 복수를 하기로 했다. 그래서 어미 양은 거북이에게 자문을 구했다. 거북이는 매우 가난했지만, 모든 사람들이 그가 모든 동물 중에서 가장 현명하다고 여겼다. 어미 양이 거북이에게 모든 이야기를 해 주자 거북이는 잠시 생각하더니, 자기에게 모든 것을 맡겨주면 박쥐에게 그녀의 아들을 잔인하게 대한 것에 대하여 충분한 복수를 해주겠노라고 말했다.

이 일이 있고 나서 얼마 되지 않아, 박쥐는 또다시 장인을 보러 가야겠다고 생각했다. 그래서 박쥐는 다시 엄마 양에게 가서 지난번처럼 자기 짐을 날라 줄 어린 양을 빌려달라고 했다. 우연을 가장해서 그 자리에 있던 거북이는 박쥐에게 자기도 그 방향으로 간다고 말하고 기꺼이 박쥐의 짐을 옮겨주겠다고 했다. 그래서 그들은 다음 날 여정을 떠났다. 그들이 여정의 중간쯤에 있는 쉼터에 도착했을 때, 박쥐는 지난번에 사용했던 수법을 또 써먹으려고 했다. 박쥐는 거북이에게 자기의 음료용 뿔잔을 지난번에 어린 양이 감추었던 그 나무 밑에 감추라고 말했다. 거북이는 그렇게 했다. 그러나 박쥐가 보지 않는 틈을 타서 거북이는 뿔잔을 다시 집어 들어서 자기 가방에 숨겼다.

그들이 집에 도착했을 때, 거북이는 뿔잔을 뒷마당의 안 보이는 곳에 걸어 놓고 집 안으로 들어가서 앉았다. 식사 시간 직전에, 박쥐는 거북이에게 음료용 뿔잔을 가져오라고 시켰다. 거북이는 밖으로 나가 마당으로 가서, '푸푸' 안에 넣기 위해 삶은 참마를 두드리는 소리가 끝날 때까지 기다렸다. 잠시 후 거북이는 집 안으로 들어가서 음료용 뿔잔을 박쥐에게 주었다. 박쥐는 매우 놀랐고 화가 났다. 그래서 음식이 나오자 박쥐는 아무것도 먹지 않겠다고 했다. 그러자 거북이가 음식을 다 먹어버렸다. 이런 식으로 나흘이 지났다. 마침내 박쥐는 어린 양이 지난번에 그랬던 것처럼 매우 마르고 허약해졌다.

마침내 박쥐는 배고픔을 더는 참을 수 없게 됐다. 그래서 몰래 장모에게 거북이가 안 볼 때 자기에게 음식을 가져다 달라고 했다. 박쥐는 말했다.

"나는 잠시 눈 좀 붙이겠습니다. 그렇지만 음식이 준비되면 깨워주세요."

거북이는, 눈에 띄지 않게 구석에 숨어서 이 이야기를 모두 들었고, 박쥐가 잠들 때까지 기다렸다. 박쥐가 곯아떨어지자 거북이는 박쥐를 조심스럽게 건넛방으로 옮겨서 자기가 쓰는 침대 위에 눕혔다. 그리고 아주 천천히 소리 내지 않고 박쥐의 옷을 벗겨서 자기가 입었다. 그리고는 박쥐가 누워있던 곳에 누웠다. 얼마 지나지 않아 박쥐의 장모가 음식을 가지고 와서 박쥐가 자고 있다고 생각하는 곳 옆에 놓았다. 그리고는 박쥐를 깨우기 위해 옷자락을 잡아당기고는 나갔다. 거북이는 일어나서 음식을 모두 먹어버렸다. 음식을 다 먹고 나서 거북이는 박쥐를 다시 옮겨다 놓았다. 그리고 악산의 야자유와 푸푸를 가져다가, 자고 있는 박쥐의 입술에 발라 놓았다. 그리고 다시 잠을 잤다.

아침에 일어나자 박쥐는 말할 수 없이 배가 고팠고, 매우 기분이 나빴다. 그래서 박쥐는 장모를 찾아가서 그녀를 나무라기 시작했다. 박쥐는 장모에게 왜 자기가 부탁했던 것처럼 음식을 가져오지 않았느냐고 따졌다. 장모는 자기는 음식을 가져갔고,

그가 그것을 먹었다고 대답했다. 그러나 박쥐는 그 사실을 부인했다. 그리고는 거북이가 그 음식을 먹었을 것이라고 몰아세웠다. 그러자 장모는 사람들을 불러와서 그들이 판단하게 하겠다고 말했다. 그러나 거북이는 먼저 몰래 빠져나가서 사람들에게, 음식을 먹었는지 안 먹었는지를 알아보는 가장 좋은 방법은 박쥐와 자기 자신 둘 모두에게 깨끗한 물로 입을 헹궈서 대야에 뱉어보게 하는 것이라고 말했다. 사람들은 그렇게 하기로 했다. 그리고 거북이는 그가 항상 사용하는 칫솔을 꺼내서 이를 깨끗하게 닦고 양치질을 하고는 집으로 돌아 왔다.

  사람들이 모두 도착하자, 장모는 박쥐가 어떻게 자신을 모욕했는지 이야기했다. 그리고 박쥐는 여전히 자기가 닷새 동안 아무것도 먹지 못했다고 완강하게 주장했다. 사람들은 박쥐와 거북이 모두 깨끗한 물로 입을 헹구어서, 두 개의 깨끗한 바가지에 뱉으라고 했다. 그들은 그렇게 했다. 그러자 곧바로 박쥐가 음식을 먹었다는 것이 명백히 밝혀졌다. 거북이가 박쥐의 입술 안쪽에 발라두었던 야자유와 푸푸의 뚜렷한 흔적이 물에 떠 있었던 것이다. 그것을 보자 사람들은 박쥐가 거짓말을 하는 것이라고 결론 내렸다. 박쥐는 너무도 창피해져서 즉시 그곳에서 도망쳤다. 그리고는 그때 이후로 언제나 낮 동안에는 아무도 자신을 보지 못하도록 수풀 속에 몸을 숨기고, 밤이 되어서야만 음식을 구하러 나오게 됐다.

다음 날 거북이는 엄마 양에게 돌아와서 자신이 한 일을 이야기해주고, 박쥐는 영원히 망신을 당하게 됐다고 말해줬다. 엄마 양은 거북이를 매우 칭찬했고, 모든 친구들에게 이야기 했다. 그 결과 지혜로운 거북이의 명성이 온 나라에 자자해졌다.

박쥐는 왜 밤에만 날아다닐까? …

'오요트'라는 이름의 들쥐는 '에미옹'이라는 박쥐의 가장 친한 친구였다. 그들은 언제나 음식을 같이 먹었다. 그러나 박쥐는 들쥐를 질투하고 있었다. 박쥐가 요리를 하면 언제나 먹음직스러웠다. 그러면 들쥐는

"네가 수프를 만들면 어떻게 하기에 이렇게 맛있니?"라고 말했다. 박쥐가 대답했다.

"나는 항상 끓는 물에 내가 들어가. 내 살은 아주 달콤하거든. 그래서 수프가 맛있는 거야."

박쥐는 들쥐에게 어떻게 하는 것인지 보여주겠다고 말했다. 박쥐는 따듯한 물이 들어 있는 솥을 가져와서, 들쥐에게 끓는 물이라고 말하고는, 그 안으로 뛰어 들어갔다가 금방 다시 나왔다. 수프를 가져오자 그것은 언제나처럼 맛이 진하고 좋았다. 사실 그 수프는 박쥐가 미리 준비해 놓은 것이었다.

들쥐는 집으로 가서 아내에게 자기가 박쥐처럼 맛있는 수프를 만들겠다고 말했다. 그는 부인에게 물을 좀 끓이라고 했고,

아내는 그렇게 했다. 그리고는 아내가 보지 못하는 사이에 그는 솥 안으로 뛰어 들어 갔고, 그 즉시 즉사했다.

들쥐의 아내는 솥 안을 들여다보았고, 자기 남편의 시체가 삶아지고 있는 것을 보았다. 그녀는 매우 분노했고, 이 일을 왕에게 가서 고했다. 왕은 박쥐를 감옥에 가두라고 명을 내렸다. 모두가 박쥐를 잡기 위해서 밖으로 나갔다. 그러나 박쥐는 문제가 생길 것을 예상하고 있었기 때문에, 수풀 속으로 날아가서 숨어버렸다. 하루 종일 사람들이 그를 잡으러 다녔기 때문에, 박쥐는 생활 습관을 바꿔야만 했고, 어두워졌을 때만 먹이를 먹으러 밖으로 나왔다. 이것이 우리가 낮에는 박쥐를 볼 수 없는 이유이다.

코끼리가 작은 눈을 가진 이유 …

'암보'가 칼라바의 왕이었을 때, 코끼리는 덩치만 매우 큰 동물이 아니라 눈도 그 덩치에 맞게 컸었다. 그 당시에 인간과 동물들은 친구 사이였고, 모두가 함께 자유롭게 섞여 지냈다. 정기적으로 암보왕은 연회를 열었고, 코끼리는 다른 누구보다도 더 많이 먹었다. 하마조차 항상 최선을 다했지만, 코끼리만큼 덩치가 크지 못했기 때문에, 자신도 제법 뚱뚱했음에도 불구하고 항상 코끼리에게 한참 뒤떨어졌다.

이 연회에서 코끼리가 늘 너무 많이 먹었기 때문에, 덩치는 작지만 똑똑한 거북이는 코끼리가 모두에게 제공되는 정당한 양 이상을 먹어치우는 것을 막아야겠다고 생각했다. 그래서 그는 코끼리가 매우 좋아하는 마른 야자 씨와 새우를 가방에 넣고 코끼리의 집으로 오후 마실을 갔다.

거북이가 도착하자 코끼리는 거북이에게 앉으라고 권했고, 거북이는 아주 편안하게 앉았다. 그리고 거북이는 한쪽 눈을 감은 채로, 가방에서 야자 씨와 마른 새우를 꺼냈다. 그리고는 그것들을 아주 즐기면서 먹기 시작했다.

코끼리는 항상 배가 고팠기 때문에, 거북이가 먹는 것을 보고서는 말했다.

"너는 무엇인가 맛있는 음식을 먹는 것 같은데, 뭘 먹는 거니?"

거북이는 음식이 '너무너무 맛있지만', 자기 눈알을 먹는 것이라서 매우 아프다고 말했다. 그리고는 한쪽 눈을 감고 있는 머리를 들어 보였다.

그러자 코끼리가 말했다.

"그게 그렇게 맛있다면, 내 눈을 하나 뽑아서 나에게 줘."

코끼리가 얼마나 욕심이 많은지를 잘 알고 있었기에, 그 순간을 기다렸던 거북이는 그 목적으로 날카로운 칼을 가져왔었다. 거북이는 코끼리에게 말했다.

"네 덩치가 너무 커서 네 눈에 손이 닿지를 않아."

그러자 코끼리는 코로 거북이를 잡아서 들어 올렸다. 거북이는, 코끼리의 눈 근처에 도착하자마자, 날카로운 칼질 한 번으로 코끼리의 오른쪽 눈을 도려내었다. 코끼리는 고통에 비명을 질렀다. 그렇지만 거북이는 그에게 마른 야자 씨와 새우를 주었다. 그것들은 코끼리의 입맛에 매우 맞았기 때문에, 코끼리는 금방 고통을 잊어버렸다.

곧 코끼리가 말했다.

"이 음식은 정말 맛있어서 나는 더 먹어야겠어."

그렇지만 거북이는 더 먹기 위해서는 다른 쪽 눈도 빼야 한다고 말했다. 그 말에 코끼리는 동의했다. 그러자 거북이는 재빨리 칼을 꺼냈고, 곧 코끼리의 왼쪽 눈도 땅바닥에 뒹굴게 되었다. 그러자 코끼리는 완전히 장님이 되어버렸다. 거북이는 코끼리의 코를 미끄럼틀처럼 타고 땅에 내려와서 숨어 버렸다. 코끼리는 어마어마한 소리를 지르기 시작했고, 나무들을 뽑아 쓰러뜨리고 쑥대밭을 만들었다. 코끼리는 거북이를 소리쳐 불렀지만, 당연히 거북이는 대답하지 않았다. 코끼리는 거북이를 찾을 수 없었다.

다음 날 아침, 코끼리가 사람들이 지나가는 소리를 듣고 그들에게 지금이 몇 시쯤 되었냐고 물었다. 근처에 있던 부시벅 한 마리가 소리쳤다.

"해가 중천에 떴어! 나는 먹을거리로 참마와 신선한 이파리들을 사러 장에 가는 길이야."

그때야 코끼리는 거북이가 자기를 속였다는 것을 알아차렸다. 그래서 지나가는 모든 사람에게 자기가 지금 볼 수가 없으니, 눈을 빌려달라고 사정하기 시작했다. 그러나 모두가 거절했다. 왜냐하면, 그들은 자기 눈을 지키고 싶어 했기 때문이다. 마침내 벌레 한 마리가 기어서 지나가다가 거대한 코끼리가 공손한 태도로 자기에게 인사를 하는 것을 보았다. 벌레는 숲 속의 왕이 자기의 인사에 답변하는 것에 매우 놀랐다. 그리고는 매우 우쭐해졌다.

코끼리가 말했다.

"여기를 보렴, 벌레야. 내가 눈을 놔두고 왔어. 나에게 네 눈을 며칠만 빌려줄래? 다음 장날에 돌려줄게."

벌레는 코끼리의 관심 대상이 되었다는 사실에 매우 기분이 좋아져서 기꺼이 동의했고, 자기의 눈을 뽑아서 코끼리에게 주었다. 다들 알다시피 벌레의 눈은 아주 작은 눈이었다. 코끼리가 벌레의 눈을 자신의 커다란 안구에 넣자, 피부가 즉시 눈 주변을 너무 단단하게 감싸버렸다. 그래서 다음 장날이 돌아왔을 때, 코끼리는 눈을 다시 빼서 벌레에게 돌려줄 수가 없었다. 벌레는 계속해서 코끼리에게 자기 눈을 돌려 달라고 사정했지만, 코끼리는 언제나 못 들은 척했다. 그리고 가끔 아주 큰 소리로 말하곤 했다.

"만일 근처에 벌레가 있다면 나에게서 멀리 떨어지는 것이 좋을 거다. 그들은 너무 작아서 내가 볼 수가 없다. 내가 그들을 발로 밟게 되면 그들은 으스러져서 끔찍한 꼴이 될 것이다."

그때 이후로 벌레들은 장님이 되었고, 똑같은 이유로 코끼리들은 그들의 커다란 덩치와는 전혀 비율이 맞지 않는 아주 작은 눈을 가지게 되었다.

거북이는 어떻게 코끼리와 하마를 이겼나 …

코끼리와 하마는 아주 친한 친구 사이였고, 언제나 같이 식사를 했다.

어느 날 그들이 같이 저녁을 먹고 있을 때, 거북이가 나타나서 그들이 비록 둘 다 덩치가 크고 힘이 세기는 하지만, 그들 중 누구도 자기를 튼튼한 밧줄로 물속에서 끌어내지 못할 것이라고 말했다. 그러고는 코끼리에게 다음 날 자기를 강에서 끌어낼 수 있다면 10,000 로드3)를 주겠다고 제안했다. 거북이의 덩치가 매우 작은 것을 보고서 코끼리는 "만일 내가 너를 물에서 끌어내지 못한다면 20,000 로드를 주겠다."라고 말했다.

그래서 다음 날 아침 거북이는 아주 튼튼한 밧줄을 가지고 와서, 자기 다리에 단단히 묶고 물속으로 들어갔다. 물속으로 들어간 거북이는 그곳을 잘 알고 있었기 때문에, 밧줄을 재빨리

---

3) 로드(rod)는 황동으로 만들어지고 하나의 가격은 3달러 정도이다. '크로켓Croquet' 경기의 '후프hoop' 모양을 하고 있으며, 약 16인치의 길이에 폭이 6인치 정도이다. 로드는 크로스 강 지역의 전통 화폐이다.

큰 바위에 묶고, 다른 쪽을 코끼리가 끌어당길 수 있게 물가에 놓아두었다. 그리고는 강바닥으로 가서 몸을 숨겼다. 그러자 코끼리는 내려와서 줄을 당기기 시작했다. 한참이 지나자 줄이 끊어져 버렸다.

이렇게 되자마자 거북이는 바위에서 밧줄을 풀고 육지로 나와서, 밧줄이 아직 자기 다리에 묶여있는 것을 모든 사람에게 보여주면서, 코끼리가 자기를 끌어내는 데 실패했다고 말했다. 코끼리는 거북이가 이겼다는 것을 인정할 수밖에 없었고, 사전에 동의한 대로 거북이에게 20,000 로드를 주었다. 거북이는 20,000 로드를 집으로 가져가서 부인에게 주었고, 그들은 매우 행복하게 살았다.

석 달이 지나자 거북이는 돈이 거의 바닥난 것을 보고, 같은 속임수로 돈을 더 벌기 위해서 이번에는 하마를 찾아가 똑같은 내기를 제안했다. 하마는 "나는 내기를 하겠어. 하지만 내가 물 쪽을 택하고, 네가 육지 쪽을 택하는 거야. 그러면 내가 너를 물속으로 끌어들일 거야."라고 말했다.

거북이는 이 제안에 동의했다. 그래서 그들은 저번처럼 강으로 갔다. 그리고 거북이는 튼튼한 밧줄로 하마의 뒷다리를 묶었다. 그리고 그에게 물속으로 들어가라고 말했다. 하마는 즉시 뒤돌아서서 사라졌다. 거북이는 근처에 자라고 있던 튼튼한 야자나무에 밧줄을 두 겹으로 감고 나무 둥치에 숨었다.

하마는 끌다가 지치자 숨을 헐떡이며 콧구멍으로 물을 내뿜으면서 물 밖으로 나왔다. 거북이는 하마가 나타나는 것을 보자마자, 밧줄을 풀고 하마에게 걸어 내려가서 자기 다리에 묶여 있는 밧줄을 보여 주었다. 하마는 거북이가 자기에게는 너무 센 상대라는 것을 인정해야만 했고, 마지못해 20,000 로드를 넘겨주었다.

그리고 코끼리와 하마는 거북이가 아주 힘이 셌기 때문에, 자기들 친구로 받아들이는 데 동의했다. 그러나 거북이는 실제로는 그들이 생각하는 만큼 힘이 세지 않았다. 그는 교활했기 때문에 이긴 것이다.

거북이는 그들에게 자기가 둘 모두와 같이 살겠다고 말했다. 그러나 그렇다고 동시에 두 장소에 있을 수 없기 때문에, 거북이는 자기 아들을 코끼리와 함께 육지에서 살게 하고, 자기는 하마와 같이 물에서 살겠다고 말했다.

이것은 어째서 육지에서 사는 거북이와 물에서 사는 거북이가 있는지를 설명해 준다. 이 둘 중에 물에서 사는 거북이가 항상 더 크다. 강에는 그가 먹을 물고기가 충분히 있는 반면에, 육지에 사는 거북이는 종종 먹을 것이 부족하기 때문이다.

어째서 하마는 물에서 살게 되었을까? …

 오래전에 '이산팀'이라는 이름의 하마는 육지에서 가장 덩치가 큰 왕 중 하나였다. 그는 코끼리 다음으로 덩치가 컸다. 하마는 일곱 명의 뚱뚱한 부인을 가지고 있었는데, 그는 그 부인들을 매우 좋아했다. 가끔 그는 동물들에게 큰 연회를 베풀곤 했다. 그런데 재미있는 사실이 하나 있었는데, 모두가 하마를 알고 있었지만, 그의 일곱 부인을 제외하고는 아무도 그의 이름을 몰랐다는 것이다.
 어느 날 한 연회에서 동물들이 이제 막 자리에 앉으려고 할 때, 하마가 말했다.
 "너희들은 나의 식탁에 음식을 먹으러 왔다. 그러나 너희들 중 누구도 내 이름을 알지 못한다. 만일 너희들이 내 이름을 말할 수 없다면, 너희들 모두는 저녁을 먹지 못하고 나가야만 할 것이다."
 동물들은 하마의 이름을 맞출 수 없었기 때문에, 모든 좋은 음식과 톰보[4] 술을 뒤로하고 나와야만 했다. 그러나 그들이 떠나기 전에 거북이가 일어나서 하마에게, 만약 다음번 연회 때 자신이 하마의 이름을 말한다면 어떻게 할 것인가를 물었다. 그러자 하마는 그렇게 되면 자기가 너무 창피해질 것이기 때문에 자기와 자기 가족들은 육지를 떠나서 앞으로는 물에서 살겠다고 말했다.

그때 하마와 일곱 부인에게는 매일 아침과 저녁에 강으로 가서 몸을 씻고 물을 마시는 습관이 있었다. 거북이는 이 습관을 알고 있었다. 하마는 앞서서 걸었고, 일곱 부인은 뒤따라갔다. 어느 날 그들이 강으로 목욕하러 갔을 때, 거북이는 길 가운데에 작은 구멍을 파 놓고서 기다렸다. 하마와 그의 부인들이 돌아올 때, 두 부인이 뒤에 거리를 두고 따라왔다. 그러자 거북이는 숨어 있던 곳으로부터 나와서 자신이 파놓은 구멍에 반쯤 몸을 숨기고, 등껍질의 대부분은 밖으로 드러나게 했다. 하마의 두 부인이 가까이 왔을 때, 첫 번째 부인이 거북이의 껍질에 발이 차였다. 그녀는 즉시 남편을 불렀다.

"아! 이산팀, 남편, 나 발을 다쳤어요." 이 말을 듣고 거북이는 매우 기뻤다. 그리고는 하마의 이름을 알아냈기 때문에 기쁜 마음으로 집으로 돌아갔다. 하마가 다음번 연회를 열었을 때,

---

4) Tombo. 톰보야자에서 추출한 즙으로 만든 매우 빨리 발효되는 알코올성 음료. 이른 아침과 오후, 하루에 두 번 나무에서 채취된다.

그는 자신의 이름에 대해서 똑같은 조건을 걸었다. 그러자 거북이가 일어나서 말했다.

"당신은 내가 당신의 이름을 말해도 나를 죽이지 않겠다고 약속하십니까?" 하마는 그러겠다고 약속했다. 그러자 거북이는 있는 힘껏 외쳤다.

"당신의 이름은 이산팀입니다!" 그 말을 듣고 모두가 환호성을 질렀고, 그들은 저녁을 먹기 위해 앉았다.

연회가 끝나자, 하마는 약속을 지키기 위해서 일곱 부인과 함께 강으로 갔다. 그리고 그날 이후로 오늘날까지, 그들은 언제나 물에서 산다. 그리고 비록 그들이 음식을 먹기 위해서 밤에 물가로 올라오기는 하지만, 낮 동안에는 절대로 육지에서 하마를 찾아볼 수 없다.

새들의 왕 '킹 버드' …

옛날에 옛 마을인 칼라바에는 '에씨야'라는 왕이 있었는데, 예전의 다른 대부분의 왕처럼 부자였고, 강한 권력을 가지고 있었다. 그러나 비록 그가 아주 부자이기는 했지만 많은 노예를 소유하고 있지는 않았다. 그래서 그는 동물들과 새들을 불러서 자신의 백성들이 일하는 것을 돕게 했다. 일을 신속하고 완성도 있게 끝내기 위해서, 왕은 동물들의 수석 추장을 종류별로 지명하기로 마음먹었다. 그는 코끼리를 숲의 짐승들의 왕으로 지명했고, 하마를 수생 동물들의 왕으로 지명했다. 마침내 새들이 자신들의 왕이 뽑힐 차례가 되었다.

에씨야는 어떻게 하는 것이 가장 좋은 선택을 하는 것일까에 대해서 한동안 생각해 보았지만, 결정을 내릴 수가 없었다. 왜냐하면 새들은 너무 많은 종류가 있었고, 모든 새가 자신들이 권리가 있다고 생각했기 때문이다. 빠르게 날아다니는 매가 있었지만, 매도 여러 종류였다. 왜가리들도 고려해 볼 만했다. 그리고 큰 발톱날개기러기, 코뿔새나 큰부리새, 엽조(獵鳥, 들오

리나 꿩)들, 뿔닭, 자고새, 들칠면조들도 있었다. 그리고 또 당연히, 건기에는 모래톱 주위를 걸어 다니지만 강이 범람하면 사라져 버리는 모든 큰 두루미류, 큰 흑백물수리들이 있었다.

왕은 물떼새, 펠리칸을 포함한 바다 새들, 비둘기들, 그리고 숲에서 사는 수많은 겁이 많은 새들을 생각했다. 그들 모두가 자신들이 권리가 있다고 주장했기 때문에, 왕은 매우 골치가 아팠다. 그래서 결국 그는 엄정한 결투로 새들의 왕을 선발하기로 했다. 왕은 온 나라의 모든 새들에게 다음 날 만나서 서로 싸우라는 명령을 내렸다. 그리고 승자가 그 이후로 영원히 새들의 왕이 될 것이라고 말했다.

그다음 날 아침 수천마리의 새들이 찾아왔고, 꽥꽥거리는 소리와 날개를 퍼덕이는 소리로 엄청나게 소란스러웠다. 매들은 금방 모든 작은 새들을 쫓아내 버렸고, 다리 긴 새들을 매우 지치게 하였다. 다리 긴 새들도 곧 사라졌다. 그다음은 시끄러운 소리를 내는 오리들 차례였다. 오리들은 마치 '내장 놀이'를 하는 것처럼 일렬로 날개짓을 하면서 사라졌다. 한적한 삶을 사는 것을 좋아하는 숲 속의 큰 새들은 금방 모든 소음과 북새통에 지쳐서, 잠깐 '꺅꺅' 소리와 이상한 소리를 내고는 집으로 가버렸다. 엽조류 새들은 기회도 잡지 못하고 수풀 속으로 숨어버렸다. 그 결과, 얼마 지나지 않아 남아있는 새들은, 매들과 조용히 나무 위에 앉아서 모든 것을 지켜보던 흑백물수리뿐 이게 되었다.

 죽은 동물의 고기를 먹는 매들은 너무 배가 부르고 게을러서, 이 경합 과정에 큰 흥미가 없었다. 그래서 싸우고 있는 매들로부터 완전히 무시됐다. 싸우는 매들은 원을 그리며 날다가 서로의 위로 긴 휘파람 소리를 내면서 급강하느라고 정신이 없었다. 그들은 점점 더 높이 올라갔고, 마침내 시야에서 사라졌다. 그리고 그들 중 몇이 땅으로 돌아왔다. 일부는 심하게 찢겼고, 많은 깃털을 잃었다. 마침내 물수리가 말했다.

 "너희들이 이 어리석은 짓을 다 끝내게 되면 나에게 말을 해다오. 만일 너희들 중 누군가가 스스로 최고라고 여긴다면, 나에게로 와라. 내가 너희들이 추장으로 뽑힐 기회를 완전히 끝내주겠다."

 매들이 물수리의 무서운 부리와 잔인하게 생긴 발톱을 보자, 그의 엄청난 힘과 사나움을 깨달았다. 매들은 자기들끼리의 싸움을 멈추고 물수리를 자신들의 주인으로 인정했다.

 그러자 에씨야 왕은 '이투엔'을 -그것이 물수리의 이름이었다- 모든 새의 수장으로 선포했다. 그리고 그때부터 물수리는 '킹 버드'로 알려지게 되었다.[5]

---

[5] 킹 버드는 그의 예리한 시각 때문에 활과 화살로 사냥하는 것이 언제나 매우 어렵다. 그래서 사람들은 물수리의 깃을 얻기 위해서 쥐를 미끼로 사용하는 덫을 놓는다. 물수리가 쥐를 움켜쥐면 올가미가 그의 발을 잡게 되어있다. 알을 품을

그때부터 지금까지 이 나라의 젊은이들은 싸우러 나갈 때면, 언제나 그들의 머리에 세 개의 긴 킹 버드 깃털을 꽂는다. 깃털은 머리 양쪽에 하나씩 꽂고, 중앙에 하나를 꽂는다. 킹 버드 깃털들이 많은 용기와 기술을 전해 준다고 믿어지기 때문이다. 만일 어떤 젊은이가 싸우러 나갈 때 킹 버드 깃털을 하나도 꽂지 않고 나가면, 완전히 어린아이 취급을 당한다.

때를 제외하고는 킹 버드는 아주 높은 나무에 올라앉는다. 가끔은 이웃한 나무들에 이삼십 마리씩 있을 때도 있다. 그들은 먹이를 구하기 위해서 몇 마일씩 날아가고, 해가 지기 직전에 그들의 둥지로 돌아왔다가 다음 날 아침 새벽에 자신들이 선호하는 장소로 떠난다. 킹 버드는 습성이 매우 규칙적이어서, 매일 밤 같은 시간에 같은 방향에서, 일반적으로 하늘 높이 솟은 나무들 위로, 날아오는 것을 볼 수 있다. 크로스 강의 많은 원주민 사이에는 킹 버드가 행운이나 카누의 전복에 영향을 끼치는 힘이 있다는 강한 믿음이 있다. 예를 들어 어떤 상인이 새 카누를 사서 시장에 갈 때, 킹 버드가 오른쪽에서 왼쪽으로 강을 가로질러 가면, 그것은 그날 시장에서 운이 나쁘다는 징조이다. 킹 버드가 다시 그 카누를 오른쪽에서 왼쪽으로 가로질러가게 되면, 운이 나쁘게 되고 나쁜 운이 카누에 달라붙는다. 반면에 만일 킹 버드가 처음에 왼쪽에서 오른쪽으로 가로질러 가게 되면, 그날 시장에서 하는 거래에서 많은 돈을 벌게 되고, 그 카누를 타고 킹 버드가 왼쪽에서 오른쪽으로 강을 가로질러 날아가는 것을 본 날은 언제나 운이 좋다.

매와 부엉이 이야기 ...

'에피옹'이 칼라바의 왕이었던 옛날에는, 지도자가 큰 연회를 여는 것이 당시의 관례였다. 연회에는 모든 신하들과 모든 공중의 새들 그리고 모든 숲의 동물들, 물에 사는 물고기들이 초대되었다. 모든 사람과 새, 동물, 물고기들은 왕의 휘하에 있었으며, 그에게 복종해야만 했다. 왕이 가장 총애하는 메신저는 매였는데, 매는 아주 빨리 여행을 할 수 있었기 때문이다.

매는 수년 동안 충실하게 왕을 모셨다. 그가 은퇴를 앞두게 됐을 때, 그는 왕에게 자신을 위해 무엇을 해 줄 것인지를 물었다. 왜냐하면, 이제 곧 일하기에는 너무 늙어버릴 것이었기 때문이었다. 그래서 왕은 매에게, 새던 동물이던 아무것이나 살아있는 생명체를 자기에게 잡아오라고 말했다. 그러면 매에게 앞으로 그 잡아온 동물을 아무런 문제 없이 먹고살 수 있게 해 주겠다고 말했다. 그래서 매는 많은 나라를 날아다녔고, 이 숲에서 저 숲으로 돌아다녔다. 마침내 매는 둥지에서 막 굴러떨어진 새끼 부엉이를 발견했다. 매는 새끼 부엉이를 왕에게 가져갔고, 왕은 매에게 앞으로는 부엉이를 먹을 수 있다고 말했다. 매는 새끼 부엉이를 가지고 집으로 돌아가서, 자기 친구들에게 왕이 한 말을 들려줬다.

친구들 중에서 가장 현명한 친구가 말했다.

"언제 새끼 부엉이를 잡았는지 말해 주게. 부모들은 뭐라고 말하던가?"

그러자 매는 아빠 엄마 부엉이는 아주 잠자코 있었고, 아무 말도 하지 않았다고 대답했다. 그러자 매의 친구는 매에게 새끼 부엉이를 부모에게 돌려주라고 충고했다. 그는 부엉이들이 밤에 매에게 무슨 일을 할지 알 수 없다고 말했다. 부모 부엉이가 아무 소리도 내지 않은 것은 의심할 여지없이 마음속으로 깊고도 잔인한 복수를 계획하고 있기 때문이었다.

그래서 다음 날 매는 새끼 부엉이를 다시 부엉이 부모에게 데려가서, 둥지 근처에 내려놓았다. 그리고 나서 매는 다시 날아올라서, 자신이 먹이기 될 만한 다른 새를 찾으려고 했다. 그러나 모든 새들이 매가 새끼 부엉이를 잡아갔다는 소식을 들었기 때문에 모두 숨어버렸고, 매가 근처에 오면 밖으로 나오려하지 않았다. 그래서 매는 어떤 새도 잡지 못했다.

매는 집으로 날아오다가, 집 근처에서 많은 닭들이 햇볕을 쬐며 먼지 속에서 땅을 긁어대고 있는 것을 보았다. 몇 마리의 작은 닭들이 뛰어다니며 벌레들을 쫓아가거나, 먹을 만하다고 생각되는 것들을 쪼아대고 있었고, 늙은 암탉은 그들을 쫓아다니면서 꼬꼬댁거리며 때때로 그들을 불렀다. 매는 닭들을 보자 한 마리 잡아야겠다고 마음먹었다. 그래서 매는 급강하해서 내려가서, 가장 작은 놈을 강한 발톱으로 움켜잡았다. 매가 닭을 잡자마자 닭들은 큰 소리를 내기 시작했고, 암탉은 달려서 그를 쫓아 와서, 매가 자기 아이를 놓아주도록 하려고 했다. 암탉은 크게 소리를 지르고 깃털을 퍼덕이면서 매에게 달려들었다. 그러나 매는 새끼를 붙잡아 가버렸고, 모든 가금류와 닭들은 즉시 비명을 지르며 집으로 도망쳤다. 몇 마리는 수풀 아래 있는 피신처로 들어갔고, 나머지는 키가 큰 풀 속에 숨었다. 매는 닭을 왕에게 가져가서, 자기가 새끼 부엉이는 먹이로 삼고 싶지 않아서 부모에게 돌려주었다고 말했다. 그러자 왕은 매에게 앞으로 언제든 닭을 먹고 살 수 있다고 말했다.

그래서 매는 닭을 집으로 가져갔다. 그러자 매를 보기 위해 들렸던 친구가 닭의 부모가 자기 아이가 잡혀가는 것을 보고서 어떻게 했느냐고 물었다. 매가 대답했다.

"그들 모두가 큰 소리를 쳤지. 그리고 늙은 암탉이 나를 쫓아 왔어. 그렇지만 닭들 사이에 큰 소란이 있기는 했지만, 아무 일도 일어나지 않았네."

그러자 매의 친구는 닭들이 법석을 떨어댔기 때문에, 매가 닭을 잡아먹어도 안전하다고 말했다. 낮 동안에 떠벌여대는 사람은 밤에 잠을 자느라고 그를 방해하거나 어떠한 해를 끼치지 않기 때문이다. 오직 두려워해야 할 사람들은 자신들이 피해를 입었을 때 완전히 침묵을 지키는 사람들이다. 그렇게 되면 아마도 당신은 그들이 복수를 계획하고 있고, 밤에 해를 끼칠 것이라는 확신하게 될 것이다.

매가 닭을 죽이는 이유 …

옛날에 수풀에서 부모와 같이 사는 아주 예쁜 젊은 암탉이 있었다.

어느 날 매 한 마리가 아침 열한시 경에, 늘 그래왔듯이, 날갯짓도 별로 하지 않으면서 하늘에서 큰 원을 그리며 맴돌고 있었다. 그는 매서운 눈을 크게 뜨고 모든 것을 보고 있었다. 매가 아무리 높은 곳에서 원을 그리고 있어도, 움직이는 것은 무엇이든, 아무리 작은 것이라도 매의 눈을 벗어나지 못했다. 매는 예쁜 암탉이 그녀 아버지 집 근처에서 옥수수를 쪼아 먹는 것을 보았다. 그래서 그는 날개를 살짝 접고 순식간에 땅에 가까이 내려왔다. 그리고는 그의 비행을 멈추기 위해서 날개를 활짝 펼치고, 암탉 근처에 내려서 울타리 위에 앉았다. 왜냐하면, 매는 될 수 있으면 땅에서 걷는 것을 좋아하지 않기 때문이다.

매는 자신의 가장 유혹적인 휘파람 소리로 젊은 암탉에게 인사를 하고는 자신과 결혼해 달라고 말했다. 암탉은 동의했고, 매는 그녀의 부모에게 그 사실을 말했다. 매는 서로 합의한 양의 지참금을 지불했는데, 지참금은 대부분 옥수수였다. 그다음 날, 매는 젊은 암탉을 데리고 자기 집으로 돌아갔다.

이 일이 있은 지 얼마 되지 않아, 암탉의 예전 집 근처에 살던 젊은 수탉 한 마리가 암탉이 어디에 살고 있는지 알아냈다. 그 수탉은 암탉과 몇 달 동안 사랑에 빠져있었기 때문에 - 사실은 그의 볏이 자라나면서부터 - 암탉을 자기 원래 지방으로 다시 데려올 결심을 했다. 그래서 그는 새벽에 길을 떠났다. 그는 한두 번 날갯짓을 하고는 가장 멋있는 목소리로 암탉에게 울음소리를 보냈다. 암탉이 수탉의 달콤한 목소리를 듣자, 그녀는 수탉의 부름을 거부할 수가 없었다. 그래서 그녀는 나가서 그를 만났고, 둘은 나란히 걸어서 암탉의 부모 집으로 돌아왔다. 젊은 수탉은 그 앞에서 점잔을 빼며 몇 번 울음소리를 냈다.

보통 사람의 눈으로는 보이지도 않는 하늘 높은 곳에서 선회 비행을 하고 있던 매는 이 모든 것을 보고 있었고, 매우 화가 났다. 그는 즉시 왕에게 올바른 재판을 받아야겠다고 마음먹고 칼라바로 날아갔다. 그곳에 가서 그는 모든 이야기를 했고, 즉각적인 시정을 요구했다. 그래서 왕은 암탉의 부모를 불러서, 그들에게 딸이 결혼할 때 매에게서 받은 지참금을 전통적인 관습에 따라 다시 돌려줘야 한다고 말했다. 그러나 암탉의 부모는 자신들이 너무 가난해서 지참금을 갚을 형편이 되지 못한다고 말했다. 그러자 왕은 매에게 지참금의 대가로 언제 어디서나 닭의 아이들을 보는 대로 잡아먹어도 된다고 말했다. 그리고 닭이 이에 대해 어떤 항의를 하더라도 자신은 그의 말을 듣지 않겠다고 했다.

그때부터 지금까지, 매는 언제든 닭을 보면 내리 덮쳐서 자신의 지참금 일부로 잡아가 버린다.

파리가 암소를 괴롭히는 이유 …

'아디아하 우모'가 칼라바의 여왕이었을 때, 그녀는 매우 부자였고 남들을 환대하는 성격이었기 때문에, 모든 가축을 불러서 큰 연회를 열곤 했다. 그러나 야생 동물들은 절대로 초대하지 않았는데, 그것은 그녀가 그들을 무서워했기 때문이다.

한번은 여왕이 연회를 열었을 때, 커다란 테이블이 세 개가 있었다. 여왕은 암소에게 상석에 앉아서 동물들에게 음식을 나눠주라고 말했다. 왜냐하면, 암소가 참석한 동물 중에서 가장 덩치가 컸기 때문이었다. 암소는 당연한 듯 그럴 준비가 되어있었다. 첫 번째 요리 코스가 나왔을 때 암소는 동물들에게 음식을 나누어 주었다. 그러나 암소는 파리에게 음식을 주는 것을 잊어버렸는데, 그것은 파리가 너무 작았기 때문이었다.

파리가 그것을 보고 암소에게 자기 몫을 달라고 소리쳤다. 그러나 암소는 말했다.

"조용히 해, 친구야. 너는 참고 기다려야 해."

두 번째 코스가 나왔을 때도 파리는 또다시 암소를 소리쳐 불렀다. 그러나 암소는 단지 자기 눈을 가리키면서, 파리에게 가만히 있으면 나중에 음식을 받을 것이라고 말했다.

마침내 음식이 다 나왔지만, 파리는 암소에게 음식을 한 입도 받지 못했고, 저녁도 못 먹은 채 자야만 했다.

다음 날 파리는 여왕에게 가서 항의했다. 여왕은 암소가 연회를 주재했고, 파리에게 그의 몫을 주지 않았지만 자기 눈을 가리켰기 때문에, 앞으로 파리는 언제든 암소가 어디에 가든지 암소의 눈에서 음식을 먹을 수 있다는 결정을 내렸다. 그래서 지금까지도 암소가 어디에 있던지, 여왕의 명에 따라서 암소의 눈에서 식사를 하는 파리들을 볼 수 있는 것이다.

고양이가 쥐를 죽이는 이유 …

'안사'는 50년 동안 칼라바의 왕이었다. 그는 매우 충실한 고양이를 가지고 있었는데, 고양이의 역할은 집을 지키는 것이었다. 또 쥐는 왕의 시종이었다. 왕은 매우 완고하고 고집불통인 사람이었지만, 그의 창고에서 수년 동안 살고 있던 고양이를 매우 좋아했다.

가난했던 쥐는 왕의 하녀와 사랑에 빠졌다. 그러나 그는 가진 것이 없었기 때문에 그녀에게 어떠한 선물도 해 줄 수가 없었다.

마침내 쥐는 왕이 창고를 생각해 냈다. 한밤중에, 덩치가 아주 작았기 때문에, 별 어려움 없이 창고의 천장에 구멍을 내고 창고 안으로 들어갔다. 그는 옥수수와 네이티브 배를 훔쳐서 애인에게 선물로 주었다.

월말이 되어서 고양이가 창고에 있는 물품들의 목록을 왕에게 제출했을 때, 많은 양의 옥수수와 네이티브 배가 없어진 사실이 밝혀졌다. 왕은 이 사실에 매우 화가 났고, 고양이에게 해명할 것을 명했다. 그러나 고양이는 이 손실에 대해서 설명을 할 수 없었다. 마침내 그의 친구 중 하나가 쥐가 옥수수를 훔쳐서 여자에게 주었다고 말해 줬다.

고양이가 왕에게 보고를 하자 왕은 하녀를 불러서 태형을 내렸다. 그리고 쥐는 고양이에게 알아서 처분하라고 명하고는, 고양이와 쥐 둘 다 해고해 버렸다. 고양이는 이 처분에 매우 화가 나서 쥐를 죽여서 잡아먹어 버렸다. 이때 이후로 고양이는 쥐를 보기만 하면 죽여서 먹어버린다.

물고기는 왜 물속에서 살까? …

　오래전에 '에요' 왕은 칼라바의 통치자였다. 그 당시에 물고기는 주로 육지에서 살았다. 그는 표범과 아주 친한 친구였다. 그래서 자주 수풀 속에 있는 표범의 집에 놀러 오곤 했고, 표범은 물고기를 즐겁게 해줬다. 표범의 아내는 대단한 미인이었고, 물고기는 그녀와 사랑에 빠졌다.

　얼마가 지난 후 표범이 집에 없을 때 물고기는 표범의 집에 와서 표범의 아내와 사랑을 나누곤 했다. 결국, 근처에 사는 늙은 여자가 표범에게 그가 집에 없을 때 무슨 일이 있었는가를 이야기해 주었다. 처음에 표범은 그토록 오랫동안 친구 사이였던 물고기가 그토록 비열한 짓을 할 것이라고는 믿지 않았다. 그러나 어느 날 밤 그가 불시에 집에 돌아왔을 때, 그는 물고기와 그의 아내가 같이 있는 것을 보았다. 그것을 보고 표범은 매우 화가 나서 물고기를 죽이려고 했다. 그러나 그는 물고기가 오랫동안 자신의 친구였기 때문에, 물고기를 스스로 처리하지 않고 에요 왕에게 물고기가 한 짓을 탄원하기로 했다.

표범이 탄원을 하자 왕은 큰 회의를 열었다. 거기서 표범은 자신의 입장을 아주 짧게 표명했다. 그러나 물고기는 자기 변론을 할 차례가 되었지만, 아무 할 말이 없었다. 그래서 왕은 대신들을 일어나게 하면서 말했다.

"이것은 아주 안 좋은 케이스이다. 물고기가 표범의 친구였기 때문에 표범은 그를 믿었다. 그러나 물고기는 친구가 자리를 비운 틈을 이용했고, 그를 배신했다."

그래서 왕은 물고기는 앞으로 물속에서 살아야 하며, 육지로 나오면 죽게 될 것이라고 명을 내렸다. 또한 그는 모든 사람들과 동물들은 물고기를 잡게 되면, 친구의 부인과 저지른 그의 행동에 대한 벌로써 죽여서 먹어야 한다고 말했다.

왜 벌레들은 땅속에서 살까? ⋯

 '에요' 3세가 모든 인간과 동물들을 통치하고 있었을 때, 그는 아주 큰 회의용 건물을 가지고 있었고, 그곳에서 그는 주기적으로 신하들을 초대해서 연회를 열곤 했다. 연회에서 많은 양의 톰보를 마시고 나면, 참가자들이 연설을 하는 것이 당시의 관습이었다. 어느 날 연회 중에 수석 군대개미가 일어나서, 자기와 자기 민족이 그 누구보다도 강하다고 말했다. 그리고 그 누구도, 심지어 코끼리조차도, 자신에게 맞설 수 없다고 말하면서 그것은 명백한 사실이라고 했다. 그는 그 말을 하면서 특히나 벌레들에게 매우 공격적이었는데, 그것은 그가 벌레들을 아주 싫어했기 때문이었다. 그러면서 그는 벌레들은 '불쌍한 꿈틀거리는 것'들 이라고 말했다.
 벌레들은 매우 화가 나서 항의했다. 그래서 왕은 누가 더 강한가를 결정하는 가장 좋은 방법은 양측이 만나서, 그들 사이의 문제가 끝날 때까지 싸우는 것이라고 말했다. 왕은 연회가 끝난 뒤 삼일 째 되는 날을 결투일로 지정했고, 모든 사람이 전투의 증인이 되기 위해 그 자리에 나왔다.

군대개미들은 아침 일찍 수백만 마리가 집을 나섰다. 그들은 늘 하던 대로 1인치 폭의 밀집 대형으로 줄을 맞춰서 행진했다. 그것은 마치 들판을 가로지르는 짙은 갈색 띠처럼 보였다. 진군하는 행렬 전방에는 정찰대와 선발대가, 측면에는 측위부대가 있었고, 본진인 수백만 마리의 개미들이 바짝 뒤를 쫓았다.

그들이 전쟁터에 도착하자, 이 움직이는 띠는 넓게 펼쳐졌다. 그러자 수많은 개미들이 모습을 드러냈고, 들판 전체가 개미떼와 벌레들의 다발로 뒤덮였다. 싸움은 불과 몇 분 만에 끝났다. 벌레들은 군대개미의 날카로운 집게 입에 물려서 조각이 났다. 살아남은 몇 마리의 벌레들만이 꿈틀대며 도망쳐서, 땅속으로 들어가 사라졌다.

에요 왕은 군대개미가 승자임을 선언했다. 그리고 그때부터 벌레들은 언제나 겁에 질려서 땅속에서 살게 되었다. 어쩌다 비가 온 후에, 그들이 땅 위에 올라오더라도 누군가가 접근하면 재빨리 땅속으로 숨는다. 왜냐하면 그들은 모든 사람들을 두려워하기 때문이다.

'은사사크' 새와 '오두두' 새 …

 아주 오래전, 칼라바의 '아담' 왕이 통치하던 시절, 왕은 오랫동안 굶주림을 견뎌낼 수 있는 동물이나 새가 있는지 알고 싶어졌다. 왕은 그런 동물이나 새를 찾으면, 그들 종족의 추장으로 만들어 주겠다고 말했다.
 '은사사크' 새는 녹색과 붉은색으로 빛나는 가슴을 가진 아주 작은 새였다. 그 새는 파랗고 노란 깃털을 가졌고, 목둘레는 붉은색이었다. 그의 주식은 익은 야자 열매였다. 반면에 '오두두' 새는 까치만 한 크기로 훨씬 덩치가 컸고, 깃털이 풍성하고 날씬한 몸매를 가지고 있었다. 그 새는 긴 꼬리를 가지고 있었고 전체적인 색깔은 검은색과 갈색이었는데, 가슴 부분은 크림색이었다. 그는 주로 메뚜기를 잡아먹고 살았고, 밤에 소리를 내는 귀뚜라미도 아주 좋아했다.
 '은사사크' 새와 오두두 새는 아주 친한 친구 사이였고, 종종 같이 살곤 했다. 그들은 둘 다 왕에게 가서 추장이 되기로 마음먹었다. 그러나 오두두 새는 자신이 이기리라는 것을 확신하고 있었다. 왜냐하면 자기가 은사사크 새보다 훨씬 덩치가 컸기 때문이다. 그래서 그는 7일 동안 굶겠다고 제안했다.

그러자 왕은 둘에게 자신이 감시할 수 있는 집을 지으라고 말했다. 그러면 자신이 그 집들의 문을 잠가 놓을 것이고, 음식을 먹지 않고 더 오래 남아있는 쪽이 추장이 될 것이라고 말했다.

그래서 은사사크 새와 오두두 새는 자신들이 들어갈 집을 지었다. 그러나 매우 교활한 은사사크 새는, 자신은 아무것도 먹지 않고 7일 동안 살지는 못할 것으로 생각했다. 그래서 그는 벽에 자신이 빠져나갈 만한 작은 구멍을 뚫어 놓았다. 그리고 그 구멍을 왕이 집을 검사할 때 눈치채지 못하도록 잘 가려 놓았다. 왕이 찾아와서 양쪽 집을 꼼꼼히 살펴봤지만, 은사사크 새의 집에 있는 작은 구멍을 발견하지 못했다. 그 구멍은 아주 세심하게 감춰져 있었기 때문이다. 그래서 왕은 두 집이 안전하다고 선언했고, 두 새에게 각자의 집으로 들어가라고 명했다. 그리고 문들이 밖에서 꼼꼼하게 잠겼다.

매일 아침 새벽녘에, 은사사크 새는 자신이 벽의 제일 위쪽에 만들어 놓은 작은 통로로 탈출해 나왔다. 그리곤 멀리 날아가서 하루 종일 즐겼다. 그렇지만 농장의 사람들이 자신을 발견하지 못하도록 매우 조심했다. 해가 지게 되면 그는 자신의 작은 집으로 돌아와서 벽에 난 작은 구멍으로 살금살금 기어들어갔고, 구멍을 주의 깊게 막아놓았다. 안전하게 집안으로 들어

오고 난 뒤, 그는 친구인 오두두 새를 불러서 배가 고프지 않으냐고 묻곤 했다. 그는 오두두 새에게 이기기 위해서는 잘 견뎌내야만 한다고 말했다. 그러면서 자기는 아주 날씬하기 때문에 오랫동안 견뎌낼 수 있다고 말했다.

이런 식으로 며칠이 지나갔다. 오두두의 목소리는 매일 밤 점점 더 약해져 갔다. 그러다 마침내 그는 더는 대답이 없었다. 그러자 작은 새는 자기 친구가 죽었다는 것을 알았다. 매우 애석했지만, 그 사실을 왕에게 보고할 수가 없었다. 왜냐하면, 그는 집안에 감금된 걸로 되어있었기 때문이다.

7일이 지나자, 왕이 와서 두 집의 문을 열도록 했다. 은사사크 새는 즉시 날아 나와서 근처에 자라고 있던 나뭇가지에 앉았고, 가장 즐겁게 노래를 했다. 그러나 오두두 새는 완전히 죽은 채로 발견되었다. 그리고 형체도 별로 남아있는 것이 없었다. 개미들이 그의 몸뚱이를 거의 다 뜯어먹어서, 남은 것이라고는 바닥 위의 깃털들과 뼈들뿐이었다.

그래서 왕은 즉시 은사사크 새를 모든 작은 새들의 수석 추장으로 임명했다. 이비비오 지역에서는 오늘날까지 어린 소년들이 활과 화살을 가지고 은사사크 새를 잡으면, 암염소의 형상을 한 상을 받는다. 왜냐하면 은사사크 새는 작은 새들의 왕이고, 그의 교활함과 작은 크기 때문에 맞추기가 가장 어렵기 때문이다.

왕과 '은시아트' 새

'은다라케'가 '이두'의 왕이었을 때, 그는 젊고 부자였기 때문에 예쁜 여자들을 매우 좋아했고, 많은 노예를 거느리고 있었다. '은시아트' 새는 그때 이두에서 살고 있었는데, 아주 예쁜 딸이 있었다. 은다라케는 그 딸과 결혼하고 싶어 했다. 은다라케가 그녀의 아버지에게 결혼 의사에 대해서 말했을 때, 은시아트 새는 자신의 딸이 왕과 결혼을 한다는 것은 큰 영광이 될 것이기 때문에, 자기는 당연히 개인적으로는 아무런 반대 의사가 없다고 말했다.

그러나 불행하게도 자기 집안은 누구든 아이를 낳으면 언제나 쌍둥이만 낳는데, 그것은 왕도 알다시피 나라에서 허용되지 않는 것이라고 말했다. 전통적인 관습은 쌍둥이를 낳으면 두 아이를 모두 죽여서 수풀 속에 가져다 버려야 하고, 엄마는 쫓겨나서 굶어 죽어야 했다. 그러나 왕은 은시아트 새의 딸인 '아디트'에게 완전히 반해 있었기 때문에 그녀와 결혼할 것을 고집했다. 그래서 은시아트 새는 승낙할 수밖에 없었다.

왕은 큰 액수의 지참금을 지불했고, 큰 잔치가 열렸다. 건장한 노예가 아디트 은시아트를 잔치 내내 모시도록 명을 받았고, 그녀는 다리를 노예의 목에 걸고, 노예의 어깨 위에 앉았다. 이것은 왕이 얼마나 부자이고 권력이 있는 사람인지를 보여주기 위한 것이었다.

결혼하고 나서 아디트는, 자기 엄마가 그랬던 것처럼 적절한 때에 쌍둥이를 낳았다. 왕은 즉시 두 아이를 좋아하게 되었다. 그러나 그 누구도 거역할 수 없었던 강력한 전통 풍습에 따라서 그들을 죽일 수밖에 없었다.

은시아트 새는 이 소식을 듣고, 왕에게로 가서 자신이 왕이 결혼하기 전에, 아디트와 결혼하면 어떤 일이 일어나게 될지를 경고했던 것을 상기시켰다. 그리고 두 쌍둥이가 죽임을 당하느니 그와 그의 모든 가족이 쌍둥이들을 데리고 지상을 떠나서 공중에서 살겠다고 했다. 왕은 아디트와 두 아이를 매우 사랑했기 때문에 기꺼이 동의했다.

은시아트 새는, 아디트와 두 아이를 포함해서 자신의 가족 모두를 데리고 지상을 떠나서 나무 위에 집을 지었다. 그러나 예전에 그들이 다른 사람들과 같이 마을에서 살았었기 때문에, 그들은 숲으로 가고 싶지는 않았다. 그래서 그들은 마을에서 자라고 있는 나무 위에 그들의 둥지를 지었다.

그것이 은시아트 새가 언제나 인간들이 사는 장소에만 그들의 둥지를 짓고 사는 이유이다. 검은색 새는 수컷들이고, 금색이 나는 것들은 암컷들이다. 처음에 은다라케의 관심을 끌고, 그로 하여금 아디트와 결혼을 하게 했던 것은 암컷의 아름다운 색깔이었다.

··· 나이지리아 남부 민담들 ···

제 3 장

인간

배경그림: 인형상, 나이지리아 크로스리버 지역, 20세기 초, Paris Quai Branly
　　　　　미술관

예쁜 딸을 가진 거북이 …

   옛날에 아주 강력한 권력을 가진 왕이 있었다. 그는 맹수들과 동물들에 대해 큰 영향력을 가지고 있었다. 당시에 거북이는 모든 동물과 인간들을 통틀어서 가장 지혜로운 동물로 여겨졌다. 왕에게는 '에크펜욘'이라는 이름의 아들이 있었다. 왕은 그에게 50명의 여자를 부인으로 주었지만, 왕자는 그들 중 어느 누구도 좋아하지 않았다. 왕은 그 사실에 대해 매우 화가 나서 누구든 왕자의 부인들보다 더 예쁜 딸을 가지고 있고, 그 딸이 왕자의 눈에 드는 경우, 딸 본인은 물론 그 부모까지 죽여야 한다는 법을 만들었다.

   그 당시에 거북이와 그의 부인에게는 매우 아름다운 딸이 있었다. 거북이의 부인은 왕자가 자기 딸과 사랑에 빠질 수 있는 가능성이 높아서 그렇게 예쁜 아이를 데리고 있는 것은 안전하지 못하다고 생각했다. 그래서 그녀는 남편에게 딸이 살해되어 수풀 속에 버려질 수도 있다고 말했다. 거북이는 그러고 싶지 않기 때문에 딸이 세 살이 될 때까지 숨겨서 키웠다.

어느 날 거북이 부부가 농장에 나가 있을 때, 왕의 아들은 우연히 거북이의 집 근처에서 사냥을 하다가, 그 집을 둘러싼 울타리 위에 새 한 마리가 앉아있는 것을 보았다. 새는 작은 소녀를 보고 있었는데, 그녀의 아름다움에 너무 취해 있어서 왕자가 다가오는 것을 알아채지 못했다. 왕자는 활로 새를 쏘았고, 새는 울타리 안으로 떨어졌다. 그래서 왕자는 하인을 시켜 새를 가져오도록 했다. 하인은 새를 찾다가 소녀를 우연히 발견하게 되었고, 그녀의 자태에 깜짝 놀랐다. 그는 즉시 자신의 주인에게 돌아가서 자기가 본 것에 대해 말했다. 그러자 왕자는 울타리를 부수고 들어와서 소녀를 발견하고는 단박에 사랑에 빠졌다. 그는 오랫동안 그곳에 머무르면서 거북이의 딸과 이야기를 했고, 결국 거북이의 딸은 왕자의 부인이 되기로 약속했다. 그리고 왕자는 집으로 돌아왔다. 그러나 그는 자신이 거북이의 아름다운 딸과 사랑에 빠졌다는 사실을 아버지에게 숨겼다.

다음 날 아침 왕자는 새부남당자를 불러서 60벌의 옷6)과 300 로드의 지참금을 가져오게 해서 그것들을 거북이에게 보냈다. 그리고 이른 오후에 왕자는 거북이의 집으로 가서 거북이에게 딸과 결혼하고 싶다고 말했다. 거북이는 즉시 자기가 두려

---

6) 옷 한 벌은 보통 길이가 80야드이고 폭이 1야드 정도이다. 한 벌에 5실링 정도의 가격이다.

워하고 있던 일이 벌어졌고, 자기 부인이 위험에 처했다는 것을 알게 되었다. 그래서 그는 왕자에게 만일 왕이 이 일을 알게 되면, 자기뿐만 아니라 부인과 딸까지도 죽일 것이라고 말했다.

왕자는 만일 자기가 거북이와 그의 부인, 또 그의 딸을 죽게 내버려 둔다면 자기도 자살할 것이라고 대답했다. 결국, 오랜 논의 끝에 거북이는 왕자의 청혼에 동의했고, 딸이 나이가 차면 왕자에게 주겠노라고 승낙했다. 그러자 왕자는 집으로 돌아가서 자기 어머니에게 자신이 한 일에 관해서 이야기했다. 왕비는 자신이 매우 자랑스러워하는 아들을 잃을지도 모른다는 생각에 큰 시름에 빠졌다. 왜냐하면 왕자가 자신의 명을 어겼다는 사실을 듣게 되면, 왕이 왕자를 죽이리라는 것을 알고 있었기 때문이다. 그렇지만 왕비는, 자기 남편이 얼마나 화를 낼지 알고 있었지만, 아들이 자신이 사랑에 빠진 여자와 결혼하기를 바랐다. 그래서 그녀는 아들을 대신해서 거북이에게 가서, 거북이가 딸을 다른 남자에게 주지 못하도록 약간의 돈과 옷가지들, 참마, 야자 기름 등을 미래의 지참금으로 주었다.

그 후 5년 동안, 왕자는 꾸준히 거북이의 딸을 만났다. 그녀의 이름은 '아데트'였다. 그녀가 결혼 준비를 위한 '살찌우는 집'[7]에 들어 갈 즈음, 왕자는 왕에게 아데트를 자기 부인으로

---

7) '살찌우는 집'은 결혼을 앞둔 여자가 몇 주 동안 머무는 공간이다. 그곳에서는

맞이할 것이라고 말했다. 그 말을 듣고 왕은 매우 진노했다. 그리고는 온 나라에 명을 내려, 모든 백성은 정해진 날에 장으로 와서 재판을 참관해야 한다고 했다.

정해진 날이 되자 장터는 사람들로 가득 찼고, 장터의 복판에는 왕과 왕비를 위한 돌들이 놓였다. 왕과 왕비가 도착하자 모든 사람이 일어나서 그들에게 절을 했고, 그들은 돌 위에 앉았다. 왕은 자신의 시종들에게 아데트를 자기 앞에 데려오라고 했다. 그녀가 도착하자 왕은 그녀의 아름다움에 매우 놀랐다. 그래서 왕은 백성들에게, 왕자가 자신의 명을 거역하고 아데트를 자기 몰래 아내로 삼으려고 해서 자신이 매우 진노했다는 것을 백성들에게 알리기 위해서 불렀다고 말했다. 그러나 이제는 자신이 직접 그녀를 보니 그녀가 매우 아름답다는 것을 알았고, 자기 아들이 올바른 선택을 했다는 것을 알았기 때문에, 아들을 용서하노라고 말했다.

사람들이 그 처녀를 보고 모두가 그녀가 매우 아름답고 왕자의 아내가 되기에 합당하다고 이구동성으로 말했다. 그리고는 왕에게 왕이 만든 법을 취소해 달라고 다 같이 간청했다. 그래서 왕은 그들의 청에 동의했다. 이 법이 '에그보'들의 이름으로

많은 음식을 먹으며 최대한 살을 찌우게 된다. 에픽Efik 족은 여자가 살이 찔수록 아름답다고 생각한다.

공포된 것이기 때문에 왕은 8명의 에그보[8]를 불러서, 자신의 법이 왕국 전체를 통해 폐지되었으며, 앞으로는 그 누구도 왕자의 부인보다 아름다운 딸을 가졌다는 이유로 죽게 되지 않을 것이라고 말했다. 왕은 법을 폐지하는 대가로, 에그보들에게 야자열매로 만든 술과 돈을 하사하고 물러가게 했다. 왕은 거북이의 딸 아데트가 왕자와 결혼할 것이라고 선언하고, 그날 당장 둘을 결혼시켰다.

 거대한 연회가 50일 동안 지속되었다. 왕은 5마리의 황소를 잡았고, 모든 백성에게 충분한 푸푸와 야자 기름을 바른 고기를 주었다. 그리고 길거리에 수많은 야자 술 단지들을 놓아두고, 백성들이 원하는 대로 마시게 했다. 여자들은 왕의 궁 안에서

---

[8] 에그보 단체는 많은 하위 단체들을 가지고 있는데, 그 범위는 칼라바Calabar의 크로스 리버Cross River 지역에서 카메룬 독일 점령지까지 이어진다. 예전에 이 단체는 자신의 영역에 있는 부족들에게 인구수에 따른 일정량의 세금을 강제로 징수했다. 각 단체의 수석 주술사 또는 무당은 변장을 하는데, 흔히 무서운 모양의 가면을 쓴다. 그는 허리 뒷부분에 종을 차고 있는데, 깃털로 감춰져 있다. 이 종은 달릴 때마다 소리를 낸다. 에그보가 나오면 여자들은 집밖으로 나오는 것이 허락되지 않으며, 심지어 오늘날까지도 여자들은 매우 겁먹은 척해야 한다. 에그보는 흔히 손에 회초리를 들고 다니면서 마주치는 사람들을 무작위로 때린다. 그는 마을을 뛰어 돌아다니고, 그 뒤를 지역의 젊은이들이 북을 두드리고 총을 쏘면서 뒤따른다. 에그보가 놀이판을 벌일 때는 많은 양의 음주가 있게 된다. 대부분의 마을에는 '에그보 하우스Egbo House'가 있는데, 그 집의 한쪽 끝 부분은 에그보가 옷을 갈아입을 수 있도록 가려져 있다. 집안에는 인간의 해골과 버팔로 또는 들소의 해골들이 걸려있다. 또 그 지역 사람들이 사냥한 다양한 유인원, 악어, 원숭이, 그리고 다른 동물들의 머리나 사냥한 소, 염소의 해골들도 걸려있다. 에그보 하우스 안에는 언제나 불이 피워져 있는데, 이른 아침이나 오후 늦게 단체의 구성원들은 그곳에서 자주 만나서 '진'과 야자 술을 마신다.

큰 공연을 했다. 노래와 춤이 이 기간 동안 밤낮으로 끊이지 않았다. 왕자와 그의 친구들도 장터 광장에서 놀았다.

축제가 끝나자 왕은 자신의 왕국의 절반을 거북이에게 통치하도록 주었고, 그의 농장에서 일하도록 300명의 노예를 주었다. 왕자도 그의 장인에게 200명의 여자와 100명의 소녀를 주었다. 그리하여 거북이는 왕국에서 가장 큰 부자가 되었다. 왕자와 그의 부인은 왕이 죽을 때까지 몇 년 동안 행복하게 살았고, 왕이 죽자 왕자가 그의 자리를 이어받았다. 이 모든 이야기는 거북이가 모든 인간과 동물을 통틀어서 가장 현명하다는 것을 보여 준다.

◆ 교훈 ··· 항상 딸을 예쁘게 키워라. 아무리 가난하더라도, 언제고 왕자가 딸과 사랑에 빠져서 황실의 가족이 되고 많은 부를 얻을 기회가 있다.

수탉의 딸과 결혼한 왕 …

칼라바에 있는 '듀크' 마을의 '에피옴' 왕은 예쁜 아가씨들을 무척 좋아했다. 그는 뛰어나게 예쁘다는 여자의 이야기를 들을 때 마다, 그 여자를 불러서 자신의 부인으로 삼았다. 그가 그럴 수 있었던 것은, 그가 부자였기 때문에 신부의 부모가 원하는 지참금을 얼마든지 지불할 수 있었기 때문이다. 그의 재산의 대부분은 노예를 사고팔아서 만든 것이었다.

에피옴은 250명의 부인을 가지고 있었지만 결코 만족하지 못했다. 그는 나라의 모든 아름다운 여자들을 다 가지고 싶어 했다. 항상 예쁜 여자들을 찾으러 다니는 왕의 친구들 중 몇 명이, 에피옴에게 수탉의 딸이 사랑스러운 처녀이며, 왕의 부인들 그 누구보다도 훨씬 뛰어나다고 말했다. 이 말을 듣자마자 에피옴은 수탉을 불러 왔다. 그리고는 수탉의 딸을 자신의 부인 중 하나로 맞고자 한다고 말했다. 가난한 수탉은 왕의 명령을 거역할 수 없었다. 그래서 그는 딸을 왕에게 데리고 왔고, 그녀는 매우 아름다워서 왕을 한없이 기쁘게 했다. 왕이 수탉에게 지참금으로 6통의 야자 기름을 지불했을 때, 수탉은 에피옴에게 자기 딸과 결혼하게 된다면, 그녀가 자연스러운 암탉의 본능을 가지고 있다는 것을 잊어서는 안 될 것이라고 말했다. 또 그녀가 옥수수를 보이는 대로 쪼아 먹는다고 해서 자기 딸 '아디아 우넨'을 비난해서는 안 된다고 말했다. 왕은 그녀를 소유할 수 있다면, 그녀가 무엇을 먹든지 신경 쓰지 않는다고 대답했다.

그래서 왕은 아디아 우넨을 아내로 취했다. 그는 그녀를 매우 좋아해서 그의 모든 다른 아내들을 소홀히 하고, 완전히 아디아 우넨 하고만 살았다. 그것은 그녀가 그의 마음에 꼭 들었고, 다른 아내들 누구보다 그를 더 기쁘게 해주었기 때문이다. 왕은 그녀 없이는 살 수 없게 되어서 언제나 그녀를 곁에 두었고, 그전에 총애했던 부인들을 만났을 때 말을 걸거나 아는 체도 하지 않을 정도로 멀리했다.

이러힌 사태는 버림을 받은 부인들을 매우 분노하게 했고, 결국 부인들이 함께 모이게 되었다. 비록 왕의 부인들은 서로 미워하고 있었지만, 다른 누구보다도 수탉의 딸을 가장 미워한다는데 의견의 일치를 보았다. 수탉의 딸이 왕에게 오고난 이후로는, 부인들 중 그 누구도 왕과 같이 있을 기회를 가지지 못했기 때문이다. 그전에는 왕은 비록 그가 특별히 총애하는 부인들이 있다 하더라도, 그를 특별히 기쁘게 해주면 다른 부인들에게도 관심을 쏟아주곤 했었다. 모든 부인들이 왕으로부터 완전히 배제되고, 왕의 모든 관심이 한 여자에게 집중된다는 것, 그리고 그녀가 왕의 모든 사랑과 포옹을 독차지 한다는 것은 있을 수 없는 일이라는 것이 부인들의 일치된 의견이었다. 이러한 결론에 이르자 그녀들은 매우 화가 났고, 아디아 우넨에게 망신을 주기로 결정했다.

오랜 토론 끝에, 가장 최근에 총애를 받았다가 수탉의 딸이 들어오면서 밀려난 부인들 중 한명이 말했다.

"우리 모두가 미워하는 이 여자는 결국 수탉의 딸일 뿐이야. 우리는 왕의 눈앞에서 그녀를 쉽게 망신 줄 수 있을 거야. 내가 들은 바로는 그녀의 아버지가 왕에게 그녀는 옥수수만 보면 정신을 못 차린다고 했대. 그게 어떻게 뿌려져 있던지 말이야."

잠시 후 왕의 부인들은, 나라의 모든 백성들이 왕에게 경배하러 올 때 아디아 우넨을 망신주기로 결정했다. 왕에 대한 경배는 일년에 세 차례 있는 행사였는데, 사람들은 참마, 염소, 새로 수확한 옥수수 등을 선물로 가지고 오고, 왕은 그들에게 많은 양의 푸푸와 야자유를 바른 고기, 톰보야자 술 등을 하사하여 즐기게 한다. 큰 춤판이 벌어지고, 일반적으로 며칠 밤낮으로 계속된다.

경배 행사가 있는 날 아침 일찍, 왕의 첫째 부인은 자신의 시녀에게 옥수수를 하나 씻어서 알을 까내라고 말했다. 그리고는 모든 사람들이 모였을 때, 옥수수 알을 바가지에 담아가서 땅바닥에 뿌리고 그 자리를 뜨라고 말했다. 그러면 옥수수 알은 아디아 우넨 앞에 뿌려질 것이고, 그것은 모든 사람들과 추장들이 보게 될 것이었다.

열시 경에 모든 추장들과 사람들이 모이고 왕이 커다란 나무로 만든 자신의 의자에 앉아 있었을 때, 시녀가 와서 명을 받은 대로 옥수수 알을 바닥에 뿌렸다. 시녀가 그렇게 하자마자 아디아 우넨은 옥수수 알을 향해 달려들었고, 그것을 쪼아서 먹기 시작했다. 이 모습을 보고 모든 사람들이 웃음을 터트렸고, 왕은 매우 화가 나고 부끄러워졌다. 왕의 부인들과 많은 사람들이 자기들 생각에는, 왕의 가장 예쁜 부인은 쓰레기로 버려진 옥수수 알을 쪼아 먹는 것보다는 더 좋은 매너를 배워야 할 것이라고 말했다. 다른 사람들이 말했다.

"수탉의 딸에게 뭘 기대하겠어? 그녀가 자신의 본능에 따른다고 해서 비난 받을 수는 없지."

그렇지만 왕은 너무도 분노해서 자신의 시종 중 한명에게 아디아 우넨의 물건을 모두 싸서 그녀의 아버지 집으로 가져다주라고 말했다. 그리고 나서 아디아 우넨은 그녀의 부모에게 돌려보내졌다. 그날 밤에 아디아 우넨의 친구인 왕의 세 번째 부인이 그간에 있었던 모든 것을 왕에게 이야기 했다. 세 번째 부인은 아디아 우넨이 망신을 당한 것은 전적으로 첫째 부인의 질투 때문이라고 설명했다. 그녀는 또한 이 모든 것이 왕의 모든 부인들이 질투하고 있는 아디아 우녠을 왕으로부터 제거하기 위해서 사전에 계획된 것이라고 말했다. 왕이 이 말을 듣자 그는 매우 화가 나서 질투심에 사로잡힌 첫째 부인을 부모에게 옷가지도 선물도 없이 빈손으로 돌려보내기로 작정했다.

첫째 부인이 자기 아버지 집에 도착했을 때, 그녀의 부모는 그녀를 집안으로 들이기를 거부했다. 왜냐하면 그들은 딸을 왕에게 준 대가로 그들이 원하는 것은 무엇이든 즉시 손에 넣을 수 있었기 때문이다. 그러므로 딸이 되돌아온다는 것은 그들에게는 엄청난 손실이었던 것이다. 첫째 부인은 그래서 길거리로 나가게 됐고, 매우 비참하게 돌아다니다가, 결국 시간이 지나자 초라하게 굶어죽었다.

왕은 자신이 총애하던 아디아 우녠을 억지로 쫓아낸 것에 대해 매우 슬퍼하다가, 그다음 해에 죽었다. 백성들은 자신들의 왕이 상심해서 죽은 것을 보고, 앞으로는 그 누구도 새나 동물과 결혼해서는 안 된다는 법을 통과시켰다.

해골과 결혼한 말 안 듣는 딸 …

'에피옹 에뎀'은 '코햄' 마을 출신이었다. 그에게는 아주 예쁜 딸이 하나 있었는데, 그녀의 이름은 '아피옹'이었다. 그녀는 매우 아름다워서 나라의 모든 젊은이들이 그녀와 결혼하고 싶어 했다. 그러나 그녀는 부모의 계속되는 간청에도 불구하고 모든 청혼을 거절했다. 왜냐하면 그녀는 허영심이 매우 강했기 때문이다. 그녀는 항상 세상에서 제일 잘생긴 남자와 결혼할 것이라고 말했다. 신랑감은 젊고, 힘이 세고, 오직 그녀만을 진심으로 사랑할 수 있어야 했다. 그런데 그녀의 부모가 딸과 결혼시키려고 했던 대부분의 남자들은 돈이 많기는 했지만, 나이가 많고 못생겼었다. 그래서 그녀는 계속 부모의 말을 거역했고, 부모는 그런 딸의 행실에 매우 가슴아파했다.

어느 날 유령의 나라에 사는 한 해골이 이 칼라바 처녀 아피옹의 아름다움에 대해 들었다. 해골은 즉시 그녀를 아내로 갖고 싶다는 생각이 들었다. 그래서 그는 친구들을 찾아가서 신체의 여러 부분들을 제일 좋은 것으로 빌렸다. 한 친구는 잘생긴 머리를 빌려주었고, 두 번째 친구는 건장한 몸을, 세 번째는 튼튼한 팔을, 네 번째 친구는 멋진 두 다리를 빌려주었다. 신체의 모든 부분을 다 빌린 그는 가장 완벽한 인간의 표본이 되었다. 그는 즉시 유령의 나라를 떠나서 코햄 장터로 갔고, 그곳에서 아피옹을 보고는 그녀에 대해 매우 감탄하게 되었다. 그때 쯤 해서 아피옹 역시 한 다른 지역 남자가 장터에 나타났는데, 다른 어떤 남자들보다 잘생겼더라는 말을 들었다. 그녀는 즉시 장터로 갔고, 빌린 신체로 멋있어 보이는 해골을 바로 발견했다. 그녀는 그와 사랑에 빠져서 그를 자신의 집에 초대했다. 해골은 몹시 기뻐하면서 그녀와 함께 집으로 갔다. 집에 도착하자 그녀는 부모에게 그를 소개시켰고, 그 자리에서 그들의 결혼을 승낙해 달라고 간청했다. 아피옹의 부모는 처음에는 거절했다. 딸이 낯선 자와 결혼하기를 바라지 않았기 때문이다. 그렇지만 결국 그들은 딸의 결혼을 승낙할 수밖에 없었다.

해골은 아피옹의 부모 집에서 이틀을 지낸 후에, 아주 멀리 있는 자신의 나라로 아내를 데려가고 싶다고 말했다. 이 말에 아피옹은 선뜻 동의를 했다. 왜냐하면 그는 아피옹이 그럴 정도로 잘생긴 남자였기 때문이다. 아피옹의 부모는 그녀에게 가지 말라고 설득했다. 그러나 아피옹은 매우 고집이 셌다. 아피옹은 이미 남편을 따라가기로 마음을 먹었고, 결국 해골을 따라 길을 나섰다. 그들이 떠나고 며칠이 지난 후에, 아피옹의 아버지는 주술사에게 자문을 구했다. 주술사는 패를 뽑아보고는, 바로 아피옹의 남편은 유령의 나라에 사는 유령이며, 그녀는 분명히 살해될 것이라는 것을 일러주었다. 그 말을 들은 아피옹의 부모는 딸이 죽은 것으로 생각하고 매우 침통해 했다.

  아피옹과 해골은 며칠을 걸은 끝에, 유령의 나라와 인간의 나라 사이의 경계를 넘었다. 그들이 유령의 나라에 발을 들여놓자마자, 한 남자가 해골에게 와서 자기 다리를 돌려달라고 했다. 그리고 다른 남자는 머리를, 다음엔 몸을… 이런 식으로 몇 분 지나지 않아서 해골은 원래의 혐오스러운 모습으로 남게 되었다. 이것을 보고 아피옹은 매우 겁에 질려서, 해골에게 자기 집으로 돌아가겠다고 말했다. 그러나 해골은 허락하지 않았고, 자신과 같이 갈 것을 강요했다. 그들이 해골의 집에 도착했을 때, 아피옹은 해골의 어머니를 보게 되었다. 그녀는 너무 늙어서 아무 일도 할 수 없었고, 겨우 바닥을 기어 다닐 정도였다. 해골의 어머니에게 측은한 마음이 든 아피옹은 그녀를 돕기 위해 최선을 다했다. 아피옹은 노파를 위해 음식을 만들고, 물과 장작을 날랐다. 노파는 아피옹의 이런 배려에 매우 고마워했고, 곧 아피옹을 아주 좋아하게 되었다.

  어느 날 노파는 아피옹에게, 자신은 아피옹을 매우 안쓰럽게 생각하지만, 유령 나라의 사람들은 식인종들이어서, 자기 나라에 인간이 있다는 이야기를 듣는다면 곧바로 달려와서 그녀를 죽이고 먹어버릴 것이기 때문에, 자기가 아피옹을 숨기고 있는 것이라고 말했다. 그러면서 노파는 아피옹이 그동안 자신을 매우 잘 돌봐주었기 때문에, 앞으로 부모님 말씀을 잘 듣겠노라고 약속한다면 가능한 한 빨리 아피옹을 그녀의 나라로 돌려 보내주겠다고 말했다. 아피옹은 이 제안에 즉시 약속하겠다고 했다. 그러자 노파는 매우 뛰어난 미용사인 거미를 불러서, 아피옹의 머리를 최신 유행으로 꾸미게 했다. 노파는 또 아피옹의 친절에 대한 답례로 발찌와 다른 것들을 선물로 주었다. 그리고 나서 노파는 주술로 바람을 불러서 아피옹을 그녀의 집까지 데려다 주도록 했다. 처음에는 보랏빛 토네이도가 천둥과 번개, 비를 몰고 왔다. 그러나 해골의 어머니는 적당하지 않다고 판단해서 토네이도를 돌려보냈다. 다음에 온 바람은 산들바람이었다. 노파는 산들바람에게 아피옹을 그녀의 어머니에게 데려다 주라고 말하고는 아피옹에게 작별 인사를 했다. 그러자 산들바람은 잠깐 사이에 아피옹을 그녀의 집으로 데려갔고, 그곳에 그녀를 내려주었다.

  아피옹의 부모는 딸을 보자 뛸 듯이 기뻐했다. 왜냐하면, 그들은 지난 몇 달 동안 딸을 잃어버린 것으로 생각하고 있었기 때문이다. 아버지는 딸의 발에 흙이 묻지 않도록 마당에 딸이 서있는 곳에서부터 집으로 들어오는 모든 곳에 부드러운 짐승 가죽을 깔았다. 그러자 아피옹은 집으로 들어왔고, 그녀의 아버지는 아피옹의 친구들을 모두 불러서 춤을 추게 했다. 이 축제와 춤은 8일 밤낮으로 계속 되었다. 기쁨의 시간이 지나자, 아버지는 마을의 대 추장에게 무슨 일이 있었는지를 고했다. 그러자 추장은 부모들이 절대로 딸이 먼 나라에서 온 남자와 결혼하도록 승낙해서는 안 된다는 법을 통과시켰다. 아피옹의 아버지는 딸에게 자신의 친구들 중 하나와 결혼하라고 했다. 딸은 기꺼이 응낙했고, 그와 오랫동안 살면서 많은 아이들을 낳았다.

왕과 귀신 나무 …

'우도 우복 우돔'은 내륙의 도시인 '이탐'에 사는 유명한 왕이었다. 이탐에는 강이 없었다. 그래서 왕과 그의 부인은 집 뒤에 있는 샘에서 몸을 씻곤 했다. 우도 왕은 딸이 하나 있었다. 그는 딸을 매우 사랑했기 때문에 아주 신경 써서 돌보았고, 딸은 자라서 아름다운 여인이 되었다.

그러다 왕은 장기간 집을 비울 일이 생겨서, 2년 동안 샘에 갈 수가 없었다. 2년 만에 돌아온 그가 목욕을 하기 위해서 예전의 샘에 다시 가보자, 샘 주변에는 귀신 나무들이 무성하게 자라서 샘을 온통 뒤덮고 있었다. 왕은 예전처럼 샘을 이용하는 것이 불가능하다는 것을 알았다. 그래서 그는 50명의 병사에게 마체테 칼9)을 가지고 나무들을 베라고 명령했다. 명령을 받은 병사들은 나무를 베기 시작했다. 그러나 아무 효과가 없었다. 왜냐하면, 병사들이 나무를 베자마자 그것들은 다시 자라났기

---

9) 마체테 칼은 이 나라에서 일반적으로 사용되는 날카로운 큰 칼이다. 나무 손잡이가 달려있고, 길이가 약 2피트 6인치에 폭이 약 2인치 정도이다.

때문이다. 그래서 하루 종일 일을 했지만, 결국 아무 것도 한 일이 없는 셈이 되었다.

병사들은 밤에 돌아와서 나무들을 없애는 것이 불가능하다고 왕에게 보고했다. 왕은 그 말을 듣고 매우 화가 났다. 그래서 다음 날 아침 자신의 마체테 칼을 가지고 직접 샘으로 갔다.

귀신 나무는 왕이 몸소 와서 자신의 가지를 쳐내려 하는 것을 보자, 왕의 눈에 작은 나뭇조각들을 집어넣었다. 이것은 왕에게 큰 고통을 주었고, 결국 왕은 마체테 칼을 버리고 집으로 돌아갔다. 그러나 고통은 더욱 악화되어서 사흘 동안 먹지도, 자지도 못했다. 왕은 주술사들을 불러서 어째서 자신이 이런 고통에 시달리는지 점괘를 뽑아 알아보라고 명했다. 주술사들은 점괘를 뽑아보고 왕이 아픈 이유는 귀신 나무가 왕에게 화가 났기 때문이라고 결론을 내렸다. 왕이 샘을 다시 사용하기 위해서 나무들을 베어버리려고 했기 때문이다. 주술사들은 왕에게 일곱 바구니의 파리와 한 마리의 흰 염소, 하얀 닭 한 마리, 그리고 흰색 옷 한 벌을 준비해서, 그것들로 귀신이 흡족해하도록 희생 제물을 바쳐야 한다고 말했다. 왕은 주술사들의 말을 따라 그렇게 했고, 주술사들은 자신들이 만든 약을 왕에 눈에 발랐다. 그러나 상태는 점점 더 악화되어 갔다.

그러자 왕은 주술사들을 해고해 버리고, 다른 주술사 무리를 불렀다. 새로운 주술사들은 왕에게, 비록 자신들은 왕의 고통을 없애기 위해 아무것도 할 수 없지만, 왕을 치료할 수 있는 사람을 알고 있는데, 그 사람은 유령 나라에 살고 있다고 말했다. 그러자 왕은 주술사들에게 당장 그를 불러오라고 말했고, 그는 다음 날 도착했다.

유령인간이 말했다. "제가 당신의 눈을 치료해 준다면, 당신은 나에게 무엇을 주겠습니까?"

그러자 우도 왕은 "나는 네게 내 도시의 절반과 그 안에 있는 백성들을 주겠다. 그리고 7마리의 황소와 돈도 줄 것이다."라고 말했다.

그러나 유령인간은 왕의 제안을 거절했다. 왕은 너무도 고통이 심했기 때문에, "네가 원하는 가격을 말하면 내가 지불하겠다."라고 말했다.

그러자 유령인간은 자신이 치료비로 받고 싶은 유일한 것은 왕의 딸이라고 말했다. 왕은 그 말을 듣자 큰소리로 고함을 지르며, 자기 딸을 그자에게 주느니 차라리 죽어버리겠다고 말했다.

그날 밤, 고통이 전보다 더 심해졌다. 그의 신하들 중 몇 명이 왕에게 유령 나라 사람을 다시 부르고, 그에게 딸을 주라고 간청했다. 그리고 몸 상태가 나아지면 틀림없이 다른 딸을 얻을 수 있을 것이지만, 지금 죽으면 모든 것을 잃게 될 것이라고 말했다.

결국 왕은 유령인간을 다시 불렀다. 그는 재빨리 돌아왔고, 왕은 매우 슬퍼하면서 딸을 그에게 넘겨주었다. 그러자 유령인간은 수풀로 나가서 나뭇잎을 약간 모아 와서 물에 흠뻑 적신 후 빻았다. 그는 그 즙을 왕의 눈에 넣고, 왕에게 아침에 그의 얼굴을 씻으면 눈에서 그를 괴롭히던 것이 무엇이었는지를 볼 수 있을 것이라고 말했다. 왕은 유령인간에게 밤을 보내고 가라고 설득했지만 그는 그날 밤으로 왕의 딸을 데리고 떠났다.

왕은 해가 뜨기도 전에 일어나서 얼굴을 씻었다. 그리고는 그동안 그를 그렇게 괴롭혔던 작은 귀신 나무 조각들이 눈에서 나온 것을 보았다. 고통은 없어졌고, 그는 다시 몸 상태가 아주 좋아졌다.

자신의 감각을 되찾게 되자 왕은 자신의 눈 하나를 위하여 딸을 희생시켰음을 깨달았다. 그래서 그는 온 나라에 삼 년 동안 애도 기간을 명했다.

애도 기간 첫 2년 동안, 왕의 딸은 유령인간에 의하여 살찌우는 집에 들어가 있었다. 그녀에게는 음식이 제공되었는데, 그 집 안에 있던 해골이 그녀에게 음식을 먹지 말라고 말했다. 왜냐하면 유령인간은 그녀와 결혼하기 위해서가 아니라, 그녀를 잡아먹기 위해서 살을 찌우고 있었던 것이기 때문이었다. 그래서 그녀는 자신에게 주어지는 모든 음식을 해골에게 주고, 자기는 백회만 먹고 살았다.

3년이 다 되어가자, 유령인간은 자기 친구들을 데리고 왕의 딸을 보러 왔다. 그리고 그들에게 다음 날 그녀를 죽여서, 그 고기로 큰 잔치를 열겠다고 했다.

　아침에 그녀가 일어나자 유령인간은 언제나처럼 그녀에게 음식을 가져왔다. 그러나 그녀의 목숨을 살리고 싶었던, 그리고 유령인간이 하는 말을 들었던 해골은 그녀를 방으로 불러서 그 날 무슨 일이 벌어질 것인지를 이야기해 줬다. 그녀는 음식을 해골에게 주었다. 해골이 말했다.

　"유령인간이 잔치를 준비하기 위해서 친구들과 숲으로 들어가면, 당신은 도망쳐서 당신 아버지께 가야 해요."

　그리고 해골은 그녀에게 여행 동안 체력을 강하게 만드는 약을 주었다. 그리고 길로 가는 방향을 알려 주었다. 해골은 그녀에게, 그 길을 가다 보면 두 개의 길이 나오는데, 갈림길에 도착해서 땅에 약간의 약을 뿌리면 두 길이 하나로 될 것이라고 말했다.

　해골은 또 그녀에게 뒷문으로 나가서, 마을을 벗어날 때까지 숲을 가로질러서 가라고 했다. 그러면 그녀는 길을 발견하게 될 것이라고 했다. 만일 길을 가던 중에 누군가를 만나면 아무 말도 하지 말고 지나치라고 했다. 만일 그녀가 그들에게 인사를 하게 되면, 그들은 그녀가 유령 나라 사람이 아니라는 것을 알게 될 것이고, 그녀를 죽일 것이었기 때문이다. 해골은 그녀에게 누가 부르더라도 절대 돌아보지 말고, 아버지의 집에 도착할 때까지 똑바로 가라고 했다.

해골의 친절한 조언에 감사를 표하고 왕의 딸은 길을 떠났다. 그리고 마을의 끝에 도착해서 길을 발견하였다. 그녀는 세 시간 동안을 달려서 마침내 갈림길에 도착했다. 갈림길에 도착하자마자 그녀는 해골이 말해 준 대로 약을 뿌렸다. 그러자 두 개의 길은 즉시 하나가 되었다. 그녀는 누구에게도 아는 척하지 않았고, 몇 사람이 그녀를 불렀지만 뒤도 돌아보지 않았다.

이때쯤 유령인간은 숲에서 돌아와서 집으로 갔다가, 왕의 딸이 그곳에 없다는 것을 알아챘다. 그는 해골에게 그녀가 어디에 있느냐고 물었고, 해골은 그녀가 뒷문으로 나갔는데, 어디로 갔는지는 모른다고 대답했다. 그러나 유령이었기 때문에 유령인간은 그녀가 집으로 갔으리라는 것을 금방 짐작했다. 그래서 그는 계속 소리를 지르면서 자신이 낼 수 있는 가장 빠른 속도로 그녀를 뒤쫓았다.

왕의 딸은 그의 목소리를 듣고, 있는 힘껏 달렸다. 마침내 그녀는 아버지의 집에 도착했다. 집에 도착하자마자 그녀는 아버지에게 즉시 암소와 돼지, 양, 염소, 개, 닭 그리고 일곱 개의 달걀을 가져오라고 했다. 그리고 그것들을 일곱 부분으로 잘라서 희생물로 만들어서 길에 놓으면, 유령인간이 그것을 보고 걸음을 멈추고 마을 안으로 들어오지 못할 것이라고 말했다. 이 말을 듣고 왕은 즉시 실행에 옮겨서 딸이 자신에게 말한 대로 희생물을 만들었다.

유령인간은 길 위에 놓인 희생물들을 보고서 그 자리에 앉아서 그것들을 먹기 시작했다. 식욕이 채워질 때까지 먹고 나서, 유령인간은 남은 것들을 싸서 유령 나라로 돌아갔고, 왕의 딸에게는 더 이상의 문제가 발생하지 않았다.

왕은 위험이 지나간 것을 보고, 자신의 북을 두드렸다. 그리고 앞으로는 사람이 죽어서 유령 나라로 가면, 아픈 사람을 치료하기 위해서 일지라도 절대로 지상으로 돌아 올 수 없다고 선언했다.

녹아 없어진 뚱뚱한 여인 이야기 …

옛날에 기름으로 만들어진 매우 뚱뚱한 여자가 있었다. 그녀는 매우 아름다웠다. 많은 젊은 남자들이 지참금을 제시하면서, 그녀의 부모에게 딸과의 결혼을 승낙해 달라고 요청했다. 그러나 그녀의 어머니는 언제나 거절을 했다. 그러면서 그녀는 자기 딸이 햇볕에 녹아버릴 것이기 때문에 농장에서 일을 할 수 없다고 말했다. 그러던 어느 날 먼 나라에서 한 이방인이 왔다가 뚱뚱한 여인과 사랑에 빠졌다. 그는 그녀의 어머니에게 만일 딸을 자신에게 넘겨주면, 그녀를 그늘에서만 살게 하겠다고 약속했다. 마침내 어머니는 승낙을 했고, 이방인은 뚱뚱한 여인을 데리고 떠났다.

그가 자기 집에 도착하자, 그의 또 다른 부인은 즉시 질투심에 사로잡혔다. 왜냐하면 땔감을 모은다던가, 물을 긷는다던가 하는 할 일이 있을 때, 뚱뚱한 여자는 열기를 두려워했기 때문에 집 안에만 있으면서, 일손을 돕지 않았기 때문이었.

어느 날 남편이 자리를 비웠을 때, 질투심에 찬 부인은 뚱뚱한 여자에게 매우 심하게 욕을 하면서 구박을 했다. 결국, 뚱뚱한 여자는 농장으로 일을 하러 가겠노라 약속했다. 결혼하면서 같이 데려온 그녀의 여동생은, 언니에게 밖으로 나가지 말라고 애원했다. 여동생은 언니에게 어머니가 항상 그녀들에게 태어날 때부터 들려주었던 이야기를 상기시켰다. 언니가 태양 아래 가게 되면 녹아 없어져 버릴 것이라는 것을 말이다. 농장으로 가는 내내, 뚱뚱한 여자는 그늘 안에 있기 위해 노력했다. 그녀들이 농장에 도착했을 때는 태양이 매우 뜨거웠다. 그래서 뚱뚱한 여자는 큰 나무 그늘에 머물렀다. 질투심 많은 부인이 그것을 보고 또다시 그녀에게 욕을 하면서, 왜 자신에게 할당된 일을 하지 않느냐고 들볶았다.

마침내 질투심 많은 부인의 닦달을 더는 견딜 수 없어서, 여동생이 강하게 말렸음에도 불구하고, 뚱뚱한 여자는 태양 아래로 일을 하러 나갔다. 그리고 그녀는 즉시 녹아 없어지기 시작했다. 아주 빠르게 그녀는 나뭇잎에 덮여 있던 엄지발가락만 빼고는 아무것도 남지 않게 되었다. 그녀의 여동생은 그것을 지켜보았다. 그리고 눈에 눈물이 가득한 채로, 엄지발가락을 집어서 나뭇잎으로 조심스럽게 싸서, 바구니에 담았다. 집으로 돌아오자 여동생은 발가락을 흙으로 만든 단지 안에 넣고, 그 안에 물을 채웠다. 그리고는 단지 입구를 진흙으로 막았다.

남편이 돌아왔을 때, 그는 "내 뚱뚱한 부인이 어디 있지?"라고 말했다. 그러자 여동생은 비통하게 울면서, 질투심 많은 부인이 그녀를 햇빛 아래 나가도록 만들었고, 그래서 그녀가 녹아버렸다고 말했다. 그러면서 여동생은 자기 언니의 잔해가 들어 있는 단지를 보여주었다. 여동생은 형부에게 석 달이 꽉 차면, 자기 언니가 다시 살아 돌아올 것이라고 말했다. 그러나 더는 문제가 발생하지 않도록 질투심 많은 부인을 내보내야만 한다고 말했다. 또한 만일 그가 이를 거절한다면, 그녀는 단지를 어머니에게로 가져갈 것이며, 자기 언니가 완전하게 돌아오더라도 어머니 집에만 있게 할 것이라고 말했다.

그러자 남편은 질투심 많은 아내를 그녀의 부모에게 돌려보냈다. 그녀의 부모는 그녀를 노예로 팔아서 남편에게 지참금을 돌려주면서, 그 돈으로 다른 부인을 얻으라고 했다. 남편은 그 돈을 받아서 다른 부인을 얻지 않고 석 달이 다 가도록 집에 보관했다. 여동생이 단지를 열자, 그전과 똑같이 뚱뚱하고 아름다운 모습으로 뚱뚱한 여자가 다시 나타났다. 남편은 매우 기뻐서 모든 친구들과 이웃들을 불러서 잔치를 벌였고, 그들에게 질투심 많은 전 부인의 못된 행동에 대해서 모두 이야기했다.

그때 이후로 아내가 매우 못되게 행동을 하면, 남편은 그녀를 부모에게 돌려보낸다. 부모는 딸을 노예로 팔아버리고, 그 돈으로 남편이 딸과 결혼했을 때 지불했던 지참금의 액수만큼 남편에게 변상한다.

사악한 사냥꾼 …

　아주 오래전에 칼라바에 '에피옹'이라는 사냥꾼이 있었다. 그는 수풀 속에 살았고, 짐승을 잡아서 돈을 많이 벌었다. 온 나라의 모든 사람들이 그를 알았고, 그의 가장 친한 친구 중 하나는 그의 집 근처에 살고 있는 '오쿤'이었다. 에피옹은 낭비벽이 매우 심해서, 사람들과 먹고 마시는데 많은 돈을 썼다. 결국 그는 가난해져서 다시 사냥에 나설 수밖에 없었다. 그러나 이제는 행운이 그를 떠난 것 같았다. 왜냐하면 그가 아무리 열심히 밤낮으로 사냥을 해도 아무것도 잡을 수 없었기 때문이다.
　어느 날, 에피옹은 배가 너무 고파서 친구 오쿤을 찾아가서 200 로드를 빌렸다. 그는 오쿤에게 며칠 후에 집으로 돈을 받으러 오라고 했다. 그러면서 올 때 총을 장전해서 가져오라고 했다. 오쿤이 왜 총을 가져오라는 것인지 물었지만 에피옹은 이유를 설명해 주지 않았다. 에피옹은 계략을 꾸미고 있었다. 에피옹은 오쿤에게 돈을 빌리기는 하지만 약속한 날에 그것을 갚을 생각이 없었다. 오쿤과 이러한 거래가 있기 얼마 전, 에피옹은 사냥을 나갔다가 숲속에서 표범과 들고양이를 만나서 그들과 친구가 되었었다. 또 그가 하룻밤 묵었던 농장에서 염소와 수탉과도 친구가 되었었다.

다음 날, 그는 표범 친구에게 가서 200 로드를 빌려 달라고 했다. 그러면서 오쿤과 약속했던 바로 그날 돈을 표범에게 돌려주겠다고 약속했다. 그리고 또 표범에게, 만일 돈을 받으러 왔을 때 자기가 없으면 집안에 보이는 무엇이든 잡아먹어도 된다고 말했다. 그리고 나서 자기가 와서 돈을 갚을 때까지 기다리라고 했다. 표범은 이 제안에 동의했다. 에피옹은 다시 염소 친구에게 가서 같은 방식으로 200 로드를 빌렸다. 그는 들고양이와 수탉에게도 가서 같은 조건으로 각각 200 로드씩을 빌렸다. 그러면서 그들에게 자기가 없으면 그곳에 있는 무엇이든 잡아먹을 수 있다고 말했다.

약속한 날이 되자, 에피옹은 마당에 옥수수를 약간 뿌려놓고 밖으로 나가 집을 비워 놓았다. 아주 이른 아침에 한바탕 '꼬끼오' 울어 제친 후에, 수탉은 에피옹이 했던 말이 생각나서 에피옹의 집으로 갔다. 그러나 그곳에는 아무도 없었다. 주위를 둘러보다가 수탉은 마당에 있는 옥수수를 보았고, 배가 고팠기 때문에 그것들을 먹기 시작했다. 바로 그때 쯤 들고양이도 도착했다. 그리고 에피옹이 집에 없는 것을 보고, 그도 주위를 둘러보다가 곧 옥수수 알을 쪼아 먹느라 바쁜 수탉을 보게 되었다. 그래서 들고양이는 살금살금 뒤로 돌아가서 수탉을 덮쳐서 죽이고는, 그것을 먹기 시작했다.

바로 그때 염소가 돈을 받으러 왔다. 그러나 염소 역시 친구를 발견하지 못하고 돌아다니다가, 마침내 들고양이를 발견하게 되었다. 들고양이는 수탉의 고기를 너무 열심히 뜯어 먹느라 염소가 다가오는 줄도 모르고 있었다. 염소는 돈을 받지 못해서 잔뜩 심기가 불편했기 때문에, 단번에 들고양이에게 달려들어 뿔로 들이 받아서 나가떨어지게 만들었다. 들고양이는 불만에 가득 찼지만, 자신이 염소와 싸울 정도의 덩치가 되지 못했기 때문에 남은 수탉 고기조각을 집어 들고 수풀 속으로 도망쳤다. 그래서 들고양이는 자기 돈을 날렸다. 왜냐하면 그는 사냥꾼이 돌아올 때까지 기다리지 못했기 때문이다. 상황을 평정한 염소는 '매애~' 하고 울기 시작했다. 이 소리는 에피옹에게 돈을 받으러 오던 중인 표범의 관심을 끌었다.

가까이 갈수록 염소의 냄새는 점점 더 강해졌고, 표범은 얼마동안 아무 것도 먹지 못했기 때문에 배가 고팠다. 표범은 조심조심 은밀하게 염소에게 접근해 갔다. 표범은 점점 더 가까이 가서, 마침내 한 번의 점프로 염소를 잡을만한 거리까지 왔다. 그러는 동안 염소는, 편안하게 풀을 뜯어먹으면서, 다가오는 위험을 전혀 눈치 채지 못하고 있었다. 왜냐하면 그는 친구인 에피옹의 집에 있었기 때문이다. 이따금 그는 '매애~' 하는 소리를 냈다. 그러나 대부분의 시간동안 그는 새싹과 그가 매우 좋아하는 나무에서 떨어진 잎사귀들을 먹느라고 바빴다. 갑자기 표범은 염소에게 달려들어 단번에 목을 물어서 쓰러트렸다. 염소는 이 한 번의 공격으로 죽었고, 표범은 염소의 고기를 먹기 시작했다.

이때가 아침 8시 경이었는데, 에피옹의 친구인 오쿤은 이른 아침밥을 먹고는 에피옹에게 빌려준 200 로드를 받기 위해서 장전된 총을 들고 집을 나섰다. 에피옹의 집 근처에 왔을 때, 그는 오독오독 씹어 먹는 소리를 들었다. 그 자신도 사냥꾼이었기 때문에, 오쿤은 매우 조심스럽게 접근을 했고, 울타리 너머로 표범이 바로 몇 미터 떨어진 곳에서 급하게 염소를 먹고 있는 것을 보았다. 그는 신중하게 표범을 겨냥해서 쏘았고, 표범은 데구루루 구르다가 죽었다. 표범의 죽음은 네 명의 빚쟁이가 사라졌다는 것을 뜻했다. 들고양이가 수탉을 죽였고, 염소가 들고양이를 내쫓았고(그래서 들고양이의 채권에 대한 권리가 사라졌고), 염소는 표범에게 죽었고, 표범은 방금 오쿤에게 죽었다. 이것은 에피옹에게 800 로드의 채무가 없어졌다는 것을 의미했다.

그러나 에피옹은 여기에 만족하지 않았다. 그래서 총소리를 듣자마자 그동안 계속 숨어있던 곳에서 뛰어나와서, 죽어 널브러져 있는 표범을 보며 서있는 오쿤에게 달려갔다. 그리고는 아주 큰 소리로 자기 친구를 질책하기 시작했다. 그는 어째서 자기의 오랜 친구인 표범을 죽였느냐고 따졌다. 그러면서 자기는 이 모든 사실을 왕에게 고해야만 직성이 풀리겠노라고, 그러면 왕은 분명히 자기가 정당하다고 생각하는 대로 오쿤을 처리할 것이라고 말했다. 에피옹이 이렇게 말하자 오쿤은 겁에 질렸다. 그래서 오쿤은 에피옹에게, 왕이 진노할 터이니 제발 이 일에 대해서 아무것도 말하지 말라달라고 애원을 했다. 그러나 에피옹은 완강했고, 그의 말을 들으려하지 않았다. 결국 오쿤이 말했다.

"만일 자네가 이 모든 것을 없던 일로 하고, 더 이상 언급하지 않는다면, 자네가 나에게 빌려간 200 로드를 사례로 주겠네."

그것이 바로 에피옹이 바라던 바였다. 그러나 여전히 그는 금방 포기하지 않는 척 했다. 그렇지만 결국 마지못해 동의하는 척 하면서, 자기 친구 표범의 시체는 자기가 묻어 줄 테니 오쿤에게 집으로 가도 좋다고 말했다.

오쿤이 떠나자마자 에피옹은 표범을 묻는 대신 집안으로 끌고 들어가 아주 조심스럽게 가죽을 벗겼다. 그는 가죽을 햇빛에 말리기 위해 밖에 내 놓고 나뭇재로 덮어 놓았다. 그리고 고기는 자기가 먹었다. 표범가죽이 잘 가공되자, 사냥꾼은 그것을 가지고 멀리 떨어진 시장으로 가서 비싼 값에 팔았다. 요즘도 들고양이는 닭을 보면 언제나 죽인다. 그것은 자신이 에피옹으로부터 받지 못한 200 로드에 대한 정당한 권리라고 생각하기 때문이다.

◆ 교훈 … 사람들에게 돈을 빌려주지 마라. 왜냐하면 만일 그들이 돈을 갚지 못하게 되면 그들은 당신을 죽이거나, 무슨 수를 써서라도, 그것이 독이든 당신을 저주하는 부적을 세우는 것이든, 당신을 제거하려 할 것이기 때문이다.

두 개의 피부를 가진 여인 …

 칼라바의 '에얌바' 1세는 매우 강력한 왕이었다. 그는 주변 국가들을 정복하면서 노인과 여자들을 모두 죽였다. 그러나 신체 건강한 남자와 여자아이들은 붙잡아서 노예로 데려왔고, 그들은 죽을 때까지 농장에서 일했다.
 왕에게는 200명의 부인이 있었는데, 그녀들 중 그 누구도 그에게 아들을 낳아주지 못했다. 왕이 노인이 되어가는 것을 본 신하들은 왕에게 거미의 딸과 결혼할 것을 간청했다. 왜냐하면 거미는 언제나 많은 아이들을 출산했기 때문이다. 왕은 거미의 딸을 처음 보았을 때, 그녀가 매우 못생겼기 때문에 마음에 들지 않았다. 사람들은 그녀가 못생긴 것은 그녀의 어머니가 한 번에 너무 많은 자식을 낳아서 그런 것이라고 했다. 그러나 백성들을 기쁘게 해주기 위해서 왕은 그 못생긴 처녀와 결혼을 했고 그녀가 부인들과 같이 살도록 했다. 그러나 부인들은 그녀가 너무 못생겼기 때문에 같이 살 수 없노라고 불평을 했다. 그래서 왕은 그녀에게 별채를 지어주고, 다른 부인들과 똑같은 음식과 마실 것을 제공했다.

모든 사람들이 그녀의 추함을 보고 그녀를 조롱했다. 그러나 그녀는 사실은 추하지 않았다. 그녀는 아름다웠다. 그녀는 태어날 때 두 개의 피부를 가지고 태어났다. 그녀의 어머니가 그녀를 뱃속에 가졌을 때, 귀신이 찾아와서 앞으로 태어날 아이가 너무 아름답기 때문에 오래살 수 없을 것이라고 말했다. 그녀의 어머니는 귀신에게 아이가 추한 피부를 같이 가지고 태어날 수 있도록 해달라고 애원했다. 그러면 낮에는 절대로 추한 피부를 벗지 않고 있다가 오직 밤에만 벗게 할 것이며, 날이 밝아오기 전에는 반드시 다시 쓰게 하겠다는 약속을 했다.

왕의 첫째 부인이 이 사실을 알게 되었다. 그녀는 왕이 이 비밀을 알게 되면 거미의 딸과 사랑에 빠지게 될까 매우 두려웠다. 그래서 그녀는 주술사를 찾아가서 200 로드를 주면서 왕이 거미의 딸이 자기 부인이라는 사실을 완전히 잊어버리게 만드는 묘약을 만들어 달라고 했다. 주술사는 가격에 대해서 오랜 흥정을 한 끝에 350 로드에 약을 만들어 주기로 합의했다. 주술사는 '특별한 약'을 만들었고, 첫째 부인은 그것을 왕의 음식에 넣었다. 몇 달 동안 이 처방이 효력을 발휘해서 왕이 거미의 딸을 잊어버리게 만들었다. 왕은 그녀의 바로 앞을 지나가면서도 거미의 딸을 전혀 알아보지 못했다.

넉 달이 지나갔고, 그동안 왕은 한번도 '아디아하'(그것이 거미의 딸의 이름이었다)를 찾지 않았다. 그녀는 기다림에 지쳐서 결국 자기 부모의 집으로 돌아갔다. 아디아하의 아버지인 거미는 그녀를 다른 주술사에게 데려갔다. 주술사는 주문을 외우고 패를 뽑아 보고는, 왕에게 주술을 걸어 아디아하를 알아보지 못하게 만든 것이 왕의 첫째 부인이라는 것을 바로 알아냈다. 그래서 그는 아버지 거미에게, 아디아하가 자기가 만든 약을 왕에게 먹게 하면 왕이 그녀를 기억해 낼 것이라고 말했다. 주술사는 약을 준비했고, 거미는 약값으로 거액을 지불해야 했다. 아디아하는 당장 그날로 작은 접시에 음식을 만들어 그 안에 약을 넣은 뒤 왕에게 바쳤다. 접시의 음식을 먹자마자 왕의 눈이 뜨여서 부인을 알아보게 되었다. 그는 그녀에게 그날 밤에 당장 자기에게 오라고 말했다. 그래서 오후에 그녀는 매우 기쁜 마음으로 강으로 가서 목욕을 하고, 돌아올 때는 가장 좋은 옷을 입고 왕의 궁으로 갔다.

곧 날이 어두워졌고 모든 빛이 사라지자 그녀는 자신의 추한 피부를 벗었다. 왕은 그녀의 아름다움에 감탄했고, 그녀에게 매우 만족했다. 그러나 새벽닭이 울자 아디아하는 다시 추한 피부를 걸치고 자기 집으로 가버렸다.

나흘 밤을 연속으로 그녀는 이렇게 왕을 만나서, 어둠 속에서는 추한 피부를 벗고 아침에 해가 뜨기 전에 떠나곤 했다. 머지않아 모든 사람들, 특히 왕의 200명의 부인들이 깜작 놀랄만

한 일이 일어났다. 아디아하가 아들을 낳은 것이다. 그러나 무엇보다도 더 놀라운 것은 단 한명의 아들만이 태어났다는 것이었다. 그녀의 어머니는 보통 한 번에 50명의 아이들을 낳았기 때문이다.

아디아하가 아들을 낳자 왕의 첫째 부인은 그전보다 질투심이 더 심해졌다. 그래서 그녀는 다시 주술사를 찾아가서 그에게 많은 선물을 주면서, 왕이 자기 아들을 알아보지 못하게 하는 약을 만들어 달라고 했다. 그러면서 그녀는 '그 약을 먹으면 왕이 주술사인 당신을 찾아오게 될 텐데, 그때 왕에게 왕이 아픈 이유는 아버지를 대신해서 나라를 다스리기를 원하는 아들 때문이고, 병을 낫고 싶으면 왕자를 물에 갖다버려야 한다'라고 말하라고 했다.

약을 먹게 되자 왕은 주술사를 찾아갔고, 주술사는 왕의 첫째 부인과 계획한대로 왕에게 이야기했다. 처음에 왕은 자신의 아들을 죽이고 싶지 않았다. 그러자 신하 중 우두머리가 왕에게 아들을 버리라고 애원했다. 그러면서 일년 내로 또 다른 아들을 얻을 수 있을 것이라고 말했다. 왕은 결국 동의했고, 아들을 강에 버렸다. 그것을 본 아디아하는 비통해 했고, 격하게 울었다.

왕의 첫째 부인은 다시 주술사를 찾아가서, 아디아하가 아들을 애도하는 기간인 삼년 동안, 왕이 아디아하를 잊어버리게 만들 약을 다시 만들어 달라고 해서 왕에게 먹였다. 왕은 다시 아디아하를 잊었다. 그러나 아디아하는 다시 아버지를 찾아갔고, 아버지는 자기 주술사로부터 약을 얻어 왔다. 아디아하는 그것을 왕에게 먹였고, 왕은 다시 아디아하를 알아보게 되었다. 왕은 그녀를 다시 불러 예전처럼 같이 살았다. 그런데, 아디아하의 아버지인 거미를 도왔던 주술사는 물의 정령이었다. 그는 왕이 아들을 물에 던질 것을 알고서 미리 준비하고 있다가, 그를 구해서 집으로 데려가 살려냈다. 그리고 소년은 아주 건장하게 자랐다.

시간이 흐른 후 아디아하는 딸을 낳았고, 이번에도 질투에 사로잡힌 첫째 부인은 아이를 버리도록 왕을 설득했다. 이번에는 그를 설득하는 데 좀 더 많은 시간이 걸렸지만 결국 왕은 승낙을 했고, 딸을 강에 버리고, 아디아하를 잊어버렸다. 그러나 이번에도 준비하고 있던 물의 정령이 작은 소녀의 목숨을 구했다.

물의 정령은 이제는 질투심 많은 부인이 한 짓을 벌할 때가 되었다고 생각했다. 그래서 그는 건장한 청년들을 찾아가, 매주 장터에서 격투기 시합을 하라고 부추겼다. 청년들이 그의 말을 따라 매주 격투기 시합을 하자, 물의 정령은 이제는 매우 건장해지고 왕을 꼭 빼닮은 왕의 아들에게 장터에 가서 시합을 하라고 했다. 그러면서 그 누구도 그를 이길 수 없을 것이라고 말했다. 이윽고 전국적인 격투기 대회가 벌어지게 되었다. 온 나라의 가장 강한 남자들이 모두 시합에 초대받았다. 왕은 첫째 부인과 함께 대회를 참관하겠다고 약속했다.

시합 날이 되자, 물의 정령은 왕의 아들에게 조금도 두려워할 필요가 없다고 말했다. 그리고 자신의 주술은 매우 강력하기 때문에, 그 나라에서 가장 힘이 센 최고의 선수라 할지라도 그의 앞에서 몇 분을 버티지 못할 것이라고 말했다. 온 나라 사람들이 이 시합을 보러 왔다. 왕은 우승자에게 옷과 상금을 내릴 것이라고 약속했고, 모든 힘센 남자들이 참가했다. 그들은 왕의 아들을 보고, 아무도 그가 왕의 아들이라는 것을 알아차리지 못한 채,

"이 조그만 꼬맹이는 누구지? 이 아이는 우리를 당해낼 수 없을 거야."라고 말했다.

그러나 시합에 임하게 되자, 그들은 곧 자신들이 그 소년의 상대가 되지 못한다는 것을 알았다. 그 소년은 정말로 강했다. 더구나 그는 잘 생겨서 보기에 아주 좋았다. 사람들은 모두 그가 왕과 매우 닮았다는 것을 알고 깜짝 놀랐다.

하루 종일 시합을 한 끝에, 왕의 아들은 우승자가 되었다. 그는 그의 앞에 대적한 모든 적수들을 무찔렀다. 그의 상대자들 중 일부는 심하게 부상을 당했고, 일부는 소년의 엄청난 힘에 팔이나 갈비뼈가 부러졌다. 시합이 끝난 후 왕은 소년에게 옷과 상금을 시상했고, 저녁에 자신과 저녁식사를 하자고 초대했다. 소년은 기쁜 마음으로 아버지의 초대를 수락했다.

그가 강에서 몸을 잘 씻고 옷을 입고 궁으로 가자, 그곳에는 나라의 많은 각료들과 왕의 가장 총애를 받는 부인들 몇 명이 와있었다. 그들은 식사를 하기 위해 자리에 앉았고, 왕은 아들 인지도 모르는 채 자신의 아들을 옆에 앉혔다. 소년의 다른 쪽 편에는 이 모든 사단의 원인인 질투심 많은 부인이 앉았다. 저녁식사 시간 내내 이 여인은 소년과 친해지기 위해서 최선을 다했다. 그녀는 그의 멋진 용모와 강한 힘, 그리고 온 나라 최고의 격투기 선수라는 사실 때문에 그에게 격렬하게 사랑에 빠졌던 것이다. 그녀는 혼자 속으로 생각했다.

"내 남편은 이제 늙었고 분명히 곧 죽을 거야. 그러면 이 아이를 내 남편으로 삼아야지."

그러나 소년은 힘이 센 것만큼 현명했기 때문에, 이 질투심 많은 여자가 하는 모든 것을 잘 알고 있었다. 그는 왕의 첫째 부인의 접근에 매우 우쭐해하는 척했지만, 쉽게 반응을 보이지 않았고, 가능한 한 빨리 집으로 돌아갔다.

물의 정령의 집에 돌아오자, 그는 무슨 일이 있었는지 정령에게 모두 이야기 했다. 물의 정령은 말했다.

"이제 네가 왕의 높은 총애를 받게 됐으니, 내일 왕에게 가서 청을 하나 들어달라고 해라. 네가 하게 될 청은 온 나라 사람들을 다 모이게 하고, 어떤 사건에 대한 재판을 해달라고 하는 것이다. 재판이 끝나면 잘못을 한 것으로 밝혀진 남자나 여자는 모든 사람들 앞에서 에그보들에 의해 처형되게 해달라고 해라."

다음 날 소년은 왕을 찾아 갔고, 왕은 기꺼이 그의 요청을 들어 주었다. 왕은 그 자리에서 모든 사람들이 재판이 진행되는 것을 보게 될 날짜를 지정해서 전국에 알렸다. 그리고 소년은 물의 정령에게 돌아갔다. 물의 정령은 소년에게, 어머니에게 가서 자신이 누구인지 말해주고, 재판 날짜가 되면 그녀의 추한 피부를 벗고 그녀의 아름다움을 드러내라고 전하라 했다. 왜냐하면 이제 더 이상 그녀가 추한 피부를 덮고 있지 않아도 될 시간이 되었기 때문이다. 소년은 그 말을 그대로 전했다.

재판 날이 되자 아디아하는 광장의 한쪽 구석에 앉아 있었다. 아무도 이 아름다운 이방인이 거미의 딸이라는 것을 몰랐다. 그녀의 아들은 여동생을 데리고 와서 그녀의 옆에 앉았다. 그녀의 어머니가 여동생을 보자마자 말했다.

"너는 내가 오랫동안 죽은 줄 알고 슬퍼했던 내 딸임에 틀림없구나."

그리고는 최대한 애정을 담아서 그녀를 껴안았다.

그때 왕과 첫째 부인이 도착해서 광장의 중앙에 있는 그들의 돌 의자에 앉았다. 모든 사람들이 평소에 하던 예를 갖추어 그들에게 경배를 했다. 그러자 왕은 사람들을 일어나게 한 후, 자신이 격투기 시합에서 우승한 청년의 청에 의해 열리는 중대한 재판을 참관토록 하기 위해 모두를 불렀다고 말하고, 이 청년은 만일 자신이 재판에서 지게 되면 기꺼이 에그보들에게 자신의 목숨을 내놓겠다고 약속했노라고 말했다. 왕은 또한 만일 재판에서 청년이 이기게 된다면 그 반대편은, 그것이 왕 자신이거나 그의 아내들 중 하나라 할지라도, 목숨을 내 놓아야 할 것이라고 말했다. 그 대상이 누가 되었든지 간에 사형대에 올라야 할 것이고 에그보들에 의해 참형을 당하게 될 것이라고 말했다. 이 말에 모든 사람들이 찬성을 했고, 그들은 이 청년이 하는 말을 듣고 싶다고 말했다. 그러자 청년은 광장으로 나와서 왕과 사람들에게 절을 했다. 그리고는 질문을 던졌다.

"제가 이 나라에서 추장의 아들이 될 만하지 않습니까?" 모든 사람들이 대답했다.

"그렇소!"

그러자 소년은 여동생의 손을 잡고 그녀를 광장 가운데로 데려왔다. 그녀는 아름다운 소녀였고 외모가 빼어났다. 모든 사람들이 그녀를 바라보았을 때 그가 말했다.

"내 누이가 추장의 딸이 될 만하지 않습니까?"

모든 사람들이 그녀가 추장의 딸뿐만 아니라 왕의 딸도 될 만하다고 대답했다. 그러자 그는 자기 어머니인 아디아하를 불렀다. 그녀는 가장 좋은 옷과 목걸이를 걸치고 아름다운 자태로 나왔다. 그녀를 본 모든 사람들은 환호성을 질렀다. 그들은 그토록 아름다운 여인을 본적이 없었기 때문이다. 그러자 청년은 그들에게 물었다.

"이 여인이 왕의 부인이 될 만합니까?"

그러자 모든 사람들에게서 그녀야 말로 진정한 왕의 부인이며, 수많은 건장한 아들들의 어머니처럼 보인다는 고함소리가 터져 나왔다.

그러자 청년은 왕의 옆에 앉아있던 질투심 많은 여자를 가리켰다. 그리고는 사람들에게 자신의 이야기를 들려주었다. 두 개의 피부를 가지고 있는 자신의 어머니가 거미의 딸이라는 것, 그녀가 어떻게 왕과 결혼했으며, 어떻게 첫째 부인이 질투심에 사로잡혀 왕에게 나쁜 주술을 씌워 자기 부인을 잊도록 만들었는지, 또 어떻게 첫째 부인이 왕을 설득해서 모두가 알고 있다시피 자신과 여동생을 강에 버리게 했는지, 그렇지만 물의 정령이 자신들의 목숨을 구해줬고 지금까지 길러 주었다는 것을.

그리고는 청년은 말했다.

"나는 내 사건을 왕과 모든 사람들의 판결에 맡기겠습니다. 만일 내가 잘못을 한 것이라면, 사형대 위에서 에그보들에 의해 죽게 해주십시오. 반대로 저 여인이 악을 저질렀다면, 여러분이 결정하는 대로 에그보들이 그녀를 처분하게 해주시기 바랍니다."

왕은 그 격투기 선수가 자기 아들이라는 사실을 알게 되자 매우 기뻐했고, 에그보들에게 그 질투심 많은 여자를 데려가서 그들의 법에 합당한 벌을 주라고 말했다. 에그보들은 그녀가 마녀라고 판결했다. 그래서 그들은 그녀를 숲으로 데려가서 기둥에 묶고, 하마 가죽으로 만든 채찍으로 200대를 때렸다. 그리고 그녀가 다시는 말썽을 일으키지 못 하도록 산 채로 불태워서 재를 강에 버렸다. 왕은 그의 아내와 딸을 껴안았고, 모든 백성들에게 아디아하가 자신의 진정한 부인이며, 장래의 여왕이 될 것이라고 말했다. 재판이 끝나자 아디아하에게 가장 좋은 옷과 목걸이가 입혀졌다. 그리고 그녀는 왕의 시종들에 의해 궁으로 옮겨졌다.

그날 밤에 왕은 그의 모든 신하와 백성들에게 성대한 연회를 열었다. 그리고는 그들에게 자기가 그전에 제대로 알아보지 못했던 아름다운 부인과, 다른 어떤 남자들 보다 건장한 아들, 그리고 아름다운 딸이 돌아와서 얼마나 기쁜지를 말했다. 연회는 166일 동안 지속되었다. 왕은 어떤 여자든 남편에게 마법의 약을 사용한 것이 발각되면, 즉시 사형에 처한다는 법을 만들었다. 그리고 새로이 세 채의 큰 집을 만들어서 많은 남녀 노예들을 배치했다. 집 한 채는 그의 부인에게 주었고, 다른 한 채는 아들에게, 세 번째는 딸에게 주었다. 그들은 왕이 죽을 때까지 몇 년 동안 아주 행복하게 같이 살았다. 왕이 죽고 나서 그의 아들이 왕위를 이어 받아 그를 대신해서 통치했다.

왕을 죽인 아름다운 이방인 이야기 …

'음보투'는 옛 도시 칼라바의 매우 유명한 왕이었다. 그는 뛰어난 전사이자 지도자였기 때문에 자주 전쟁에 나갔고, 언제나 승리했다. 그는 모든 포로를 노예로 만들었고, 그 결과 매우 부자가 되었다. 그러나 한편으로는 많은 적을 만들었다. 특히 '이투'의 사람들은 음보투에 대해서 매우 분노하고 있었고, 항상 그를 죽이고 싶어 했다. 그러나 그들은 총력전에서 음보투를 격퇴할 정도로 강하지 못했다. 그래서 그들은 어떤 술책에 기댈 수밖에 없었다. 이투 사람들 중에는 '오야이칸'이라는 늙은 여자가 있었는데, 그녀는 마녀였고 자신이 원하는 대로 모습을 바꿀 수 있었다. 그녀가 음보투를 죽이겠다고 제안했을 때, 사람들은 매우 기뻐했고, 그녀가 그들의 최악의 적을 제거하는 데 성공한다면, 많은 양의 돈과 옷가지를 주겠다고 약속했다. 그래서 마녀는 젊고 예쁜 여자로 변신해서 매우 날카로운 칼을 가슴에 숨기고 왕을 찾아서 칼라바로 떠났다.

그녀가 도착했을 때, 마침 마을에서는 큰 축제가 벌어지고 있었다. 주변 마을의 모든 사람들이 와서 춤추고 축제를 즐기고 있었다. 마녀 '오야이칸'은 축제장으로 가서 모든 사람들이 자신을 볼 수 있도록 돌아다녔다. 그녀가 나타나자마자 사람들은 모두 그녀의 아름다움에 경탄하였고, 그녀가 하늘을 붉게 물들이는 저녁노을만큼이나 아름답다고 말했다. 소문은 아주 빠르게 음보투 왕의 귀에 들어갔다. 그가 예쁜 여자를 아주 좋아한다는 것은 잘 알려진 사실이었다. 그래서 그는 즉시 오야이칸을 불렀고, 사람들은 그녀가 왕의 부인이 될 자격이 충분하다는 데 모두 동의했다. 오야이칸이 그의 앞에 나타나자 음보투는 그녀에게 완전히 매료되어서, 그날 당장 자기와 결혼하자고 말했다. 오야이칸은 그 말을 듣고 매우 흡족했다. 왜냐하면 그렇게 빨리 기회를 잡을 수 있을 것이라고는 생각하지 않았기 때문이다. 그래서 그녀는 왕을 위한 맛있는 음식을 준비했다. 음식 안에는 왕을 잠들게 할 강력한 수면제가 들어 있었다. 그리고 그녀는 몸을 씻으러 강으로 갔다.

오야이칸이 목욕을 마치자 날이 어두워졌다. 그녀는 음식을 머리에 이고 왕의 침소로 갔다. 왕은 그녀를 보자마자 사랑스럽게 껴안았다. 그러자 오야이칸은 그에게 음식을 권하면서 진심인 것처럼 손수 만든 것이라고 말했다. 왕은 접시의 음식을 모두 먹었고, 즉시 졸리기 시작했다. 수면제가 아주 강력해서 금방 효과를 발휘했기 때문이다.

그들은 왕의 침실로 갔고, 왕은 즉시 잠에 빠졌다. 자정 경에 모든 도시가 적막에 빠져있을 때, 오야이칸은 가슴에서 칼을 꺼내서 왕의 목을 잘라 버렸다. 그녀는 왕의 머리를 자루에 넣었다. 그리고 문을 닫아 잠그고 조용히 빠져나왔다. 오야이칸은 마을을 가로질러 걸었고, 아무도 그녀를 보지 못했다. 그녀는 곧장 이투로 가서 자신의 왕 앞에게 음보투의 머리를 바쳤다.

사람들은 마녀가 성공을 했고, 자신들의 적이 죽었다는 말을 듣고 뛸 듯이 기뻐했다. 이투의 왕은 즉시 칼라바를 치기로 결정했다. 그는 자신의 전사들을 소집했고, 그들을 카누에 태워 칼라바 근처의 만으로 데려갔다. 자신이 그곳에 왔다는 소식이 칼라바에 새어나가지 않도록 각별히 조심하면서.

음보투가 살해된 다음 날 아침, 사람들은 그가 늘 나타나던 시간에 나타나지 않자 상당히 놀랐다. 그래서 그의 첫째 부인이 그의 방문을 두드렸다. 아무런 대답이 없자 그녀는 가족들을 모두 불러서 문을 부수고 들어갔다. 방에 들어가자, 그들은 왕이 목이 없어진 채 피투성이가 되어서 누워있는 것을 보았다. 그들은 비명을 질렀고, 도시 전체가 슬픔에 잠겼다. 예쁜 이방인 여자가 보이지 않았지만, 칼라바 사람들은 아무도 그녀를 왕의 죽음과 연결시켜 생각하지 않았다. 그 결과 그들은 어떠한 위험에 대해서도 전혀 의심하지 않았고, 싸울 준비도 되어있지 않았다. 칼라바 사람들이 장례를 치르느라 춤추고, 울고, 야자 술을 마시고 있을 때, 이투의 왕과 그의 모든 병사들이 칼라바를 공격했다. 불시에 공격을 당했고, 그들의 지도자가 없었기 때문에, 칼라바 사람들은 오래가지 않아 패배했다. 그 결과 많은 사람들이 죽거나 포로로 잡혔다.

◆ 교훈 … 절대로 이방인과 결혼 하지 마라. 그녀가 아무리 예쁠지라도.

예쁜 소녀와 질투심 많은 일곱 소녀 …

옛날에 '아킴'이라는 이름의 아름다운 소녀가 있었다. 그녀는 '이비비오'족 출신이었다. 그녀의 이름은 뛰어난 외모 때문에 주어졌는데, 그것은 그녀가 봄에 태어났기 때문이었다. 아킴은 외동딸이었고 그녀의 부모는 아킴을 무척이나 사랑했다.

그 마을의 사람들, 특히 젊은 소녀들은 아킴의 빼어난 외모와 아름다운 자태에 대해서 질투심을 느꼈다. 왜냐하면 그녀는 완벽한 비율을 가지고 있는데다 아주 건강했고, 그녀의 행동거지, 처신, 매너가 아주 우아했기 때문이다. 그래서 그녀의 부모는 그녀가 그 마을의 젊은 여자아이들 그룹에 들어가는 것을 허락하지 않았다. 그룹에 가입하는 것은 젊은이들이 관습적으로 해오던 것인데, 남자아이들과 여자아이들 모두 그들의 나이에 따라서 그룹에 가입한다. 한 그룹은 같은 해에 태어난 남자아이나 여자아이들로 구성된다.

아킴의 부모는 가난한 편이었지만, 그녀는 효녀였기 때문에 절대로 부모의 속을 썩이는 법이 없었다. 그들은 행복한 가정을 꾸렸다. 어느 날 아킴은 샘에서 물을 길어 오던 길에 일곱 명의 여자아이들 그룹을 만났다. 만일 그녀의 부모가 그녀에게 금지하지 않았더라면, 정상적으로는 아킴도 그 그룹에 속했을 것이다. 소녀들은 아킴에게 자기들은 사흘 후에 마을로 놀러 갈 것인데, 같이 가겠느냐고 물었다. 아킴은 매우 미안하지만 자기 부모는 가난하고, 그들을 위해 일할 사람이 자기 밖에 없기 때문에, 춤추고 노는데 할애할 시간이 없다고 말했다. 그리고 아킴은 여자아이들과 헤어져서 집으로 왔다.

저녁이 되자 일곱 명의 소녀들은 함께 모였다. 그녀들은 아킴에 대해서 매우 질투심에 불타있었기 때문에, 아킴이 자신들의 그룹에 들어오라는 제안을 거절한 것에 대해서 어떻게 복수할 것인가를 논의했다. 그녀들은 어떻게 아킴을 위험에 빠뜨리고, 어떤 식으로 그녀를 벌할 것인가에 대해서 오랫동안 이야기했다.

마침내 한 소녀가 다 같이 매일 아킴의 집으로 가서 그녀의 일을 도와주자고 제안했다. 그렇게 해서 그녀와 친해지게 되면 그녀를 밖으로 유인해 내서, 그녀가 자기들보다 더 아름다운 것에 대한 복수를 할 수 있을 것이기 때문이었다.

그래서 소녀들은 매일 아킴의 집으로 가서, 아킴과 그녀의 부모 일을 도왔다. 하지만 아킴의 부모는 그녀들이 자기들 딸에 대한 질투심에 차있다는 것을 알고 있었다. 그래서 아킴에게,

그녀들은 믿을 수가 없기 때문에 어떠한 경우에도 그녀들과 같이 다니지 말라고 여러 차례 경고했다.

연말이 되자 '새 참마 축제'라는 큰 놀이판이 벌어지게 되었다. 아킴의 부모도 거기에 초대를 받았다. 축제는 그들이 사는 곳에서 걸어서 두 시간 거리에 있는 마을에서 열릴 예정이었다. 아킴도 축제에 가고 싶은 마음이 굴뚝 같았다. 그러나 아킴의 부모는 축제 당일 집을 나서기 전에 아킴에게 할 일을 잔뜩 주었다. 왜냐하면 그렇게 하면 아킴이 축제에 가지 못할 것이라고 생각했기 때문이다. 아킴은 부모 말을 아주 잘 듣는 딸이었고, 항상 자기 일을 잘했었다.

축제가 열리는 날 아킴의 부모가 출발한 후, 일곱 명의 질투심 많은 소녀들이 아킴을 찾아와서 자기들과 같이 가자고 했다. 그러나 아킴은 그녀가 채워야 할 물동이들을 가리켰다. 그리고 그녀의 부모가 돌로 윤을 내라고 말한 벽과 바닥을 보여주었다. 그 일이 끝나고 나면 집 주변의 잡초들을 뽑고, 주변을 모두 청소해야 했다. 그래서 아킴은 이 모든 일이 끝나기 전에는 집에서 나갈 수가 없다고 말했다. 소녀들은 이 말을 듣자 물동이를 들고 샘으로 갔다. 그리고 금방 그것들을 가득 채워서 돌아와서 열을 맞춰서 놓았다. 그러곤 돌을 집어 들어서 금방 벽과 바닥을 윤이 나게 만들어 놓았다. 그 후에 밖에 있는 잡초를 모두 뽑았고, 청소를 끝냈다. 모든 일이 다 끝나자 그녀들은 아킴에게 말했다.

"자 이제 같이 가자. 너는 이제 더 이상 변명거리가 없어. 왜냐하면 모든 일이 다 끝났으니까."

아킴은 진심으로 축제에 가서 놀고 싶었다. 부모가 시킨 일이 다 끝났기 때문에, 결국 아킴은 같이 가기로 했다.

'새 참마 축제'가 열리는 마을로 가는 길의 중간쯤에는, 깊이가 1미터 반 정도 되는 작은 강이 있었다. 그 강에는 다리가 없었기 때문에, 물속을 걸어서 건너야만 했다. 이 강에는 아주 강력한 물귀신이 있었다. 그의 법은 누구든 그 강을 건너갔다가 돌아오는 길에 다시 건너오려면, 자신에게 먹을 것을 주어야 한다는 것이었다. 만일 강을 다시 건너오는 사람이 음식을 주지 않으면, 물귀신은 그들을 물속으로 끌어당겨 자기 집으로 데려가서 노예로 삼았다. 질투심 강한 일곱 소녀는 이 물귀신에 대해서 잘 알고 있었다. 그들은 그전에도 이 강을 자주 건너다녔었다. 왜냐하면 그녀들은 온 나라를 돌아다녔었고, 다른 마을에도 친구가 많이 있었기 때문이다. 그러나 착한 소녀였던 아킴은 다른 곳에 가본 적이 없었기 때문에, 물귀신에 대해서 아는 것이 아무것도 없었다.

일이 다 끝나자 그녀들은 다 같이 길을 떠났고, 아무 문제없이 강을 건넜다. 그녀들이 얼마 가지 않아서 반대편의 높은 나무 위에 앉아 있는 작은 새를 보았다. 작은 새는 아킴을 보고 매우 감탄했고, 그녀의 아름다움을 칭송하는 노래를 했다. 일곱 명의 소녀는 약이 잔뜩 올랐다. 그러나 그녀들은 아무 말도 하지 않고 계속 걸어갔고, 결국 축제가 벌어지는 마을에 도착했다.

축제에 가면서 아킴은 옷을 따로 갈아입지 않았었다. 반면에 그녀의 친구들은 모두 가장 좋은 목걸이와 제일 좋은 옷을 입고 왔다. 그렇지만 아킴이 도시에 도착하자, 젊은 남자들과 사람들은 다른 소녀들보다 훨씬 더 아킴에 대해서 감탄했다. 그녀는 댄스장에서 가장 세련되고 가장 아름다운 여자로 선발되었다. 사람들은 아킴에게 많은 야자 술과 푸푸 음식, 그리고 그녀가 원하는 것은 무엇이든 주었다. 그래서 일곱 명의 소녀들은 그 전보다 더 화가 나고 질투심에 차게 되었다. 사람들은 밤새도록 춤추고 노래를 불렀다.

아킴은 간신히 부모의 눈에 띄지 않았었지만, 결국 아침이 되자 발각이 났다. 그녀의 부모는 그녀에게 어떻게 자신들의 말을 어기고 일을 하지 않았느냐고 물었다. 아킴은 일은 자기 친구들이 도와줘서 다 끝냈고, 그녀들이 자기들과 같이 놀러 오자고 꾀었다고 대답했다. 그녀의 어머니는 그녀에게 당장 집으로 돌아가라고 말했고, 그녀는 더는 그곳에 있을 수가 없었다.

아킴이 이 사실을 친구들에게 말하자, 소녀들은 "좋아. 우리는 이제 간단히 요기를 할 거야. 그리고 나서 너와 함께 돌아갈게."라고 말했다. 소녀들은 모두 자리에 같이 앉아서 음식을 먹었다. 그러나 질투심 많은 일곱 소녀는 강의 물귀신에게 주기 위해서 각자 약간의 음식과 물고기를 옷 속에 숨겼다. 그러나 아킴은 이런 사실에 대해서 전혀 몰랐다. 아킴의 부모는 자신들의 딸이 강을 건널 것이라고는 한순간도 생각해 본적이 없어서, 강의 물귀신에 대해서 말해주는 것을 잊고 있었기 때문이었다. 그래서 아킴은 강의 물귀신에게 줄 음식을 아무것도 남겨놓지 않았다.

  그녀들이 강에 도착하자 아킴은 소녀들이 강에 고수레[10]를 하는 것을 보았다. 그래서 아킴은 그녀들에게 자기도 고수레를 할 수 있게 음식을 조금 나누어 달라고 간청했다. 그러나 그녀들은 거부했고, 모두 강을 무사히 건너가 버렸다. 그리고 아킴이 건너갈 차례가 되었다. 그녀가 강의 중간쯤 도착하자, 물귀신이 그녀를 붙잡아서 물속으로 끌고 들어갔다. 그녀는 순식간에 시야에서 사라졌다. 일곱 소녀는 이 모든 것을 지켜보았고, 아킴이 사라진 것을 보자 자신들의 계획이 성공한 것에 대해서 매우 기뻐하며 가던 길을 계속 갔다. 그녀들은 서로 이야기했다.

  "이제 아킴은 영원히 사라져 버렸어. 우리는 이제 더 이상 그 아이가 우리보다 예쁘다는 소리를 듣지 않게 될 거야."

---

10) 산이나 들에서 귀신에게 바친다는 뜻으로 음식을 조금 떼어서 던지는 것.
    - 번역자 주

아킴이 사라질 때 아무도 본 사람이 없었기 때문에, 그녀들은 자연스럽게 그들의 잔인한 행동이 발각될 일이 없을 것으로 생각하고 즐거운 마음으로 집으로 돌아왔다. 그러나 그녀들은 축제장으로 갈 때 아킴의 아름다움에 대해서 노래했던 작은 새가 높은 나뭇가지 위에 앉아 있었다는 것을 눈치채지 못했다. 작은 새는 아킴이 소녀들에게 고수레를 하기 위해서 음식을 조금만 나누어 달라고 하는 것을 보았고, 모든 소녀들이 거절하는 것도 보았다. 작은 새는 아킴에 대해서 매우 가슴 아파했고, 아킴의 부모가 그녀를 구할 수 있을지도 모르기 때문에, 적절한 때가 되면 자신이 본 것을 아킴의 부모에게 말해주겠다고 마음먹었다.

다음 날 아침, 아킴의 부모가 집으로 돌아왔을 때, 문이 잠겨 있고 딸이 그곳에 있다는 흔적이 전혀 없는 것을 알고서 매우 놀랐다. 그래서 그들은 이웃들에게 물어보았지만, 아무도 아킴에 대해서 아는 사람이 없었다. 그래서 그들은 일곱 소녀에게 찾아가서 아킴에게 무슨 일이 생긴 것이냐고 물었다. 소녀들은 아킴에게 무슨 일이 있는지 모른다고 대답했다. 그렇지만 아킴은 자기들과 함께 마을에 무사히 도착했고, 집으로 갔다고 말했다. 결국 아킴의 아버지는 주술사를 찾아갔다.

주술사는 점괘를 뽑아보고 어떤 일이 벌어졌는지를 알았다. 그는 아킴의 아버지에게 아킴이 축제에서 돌아오는 길에, 강을 건너면서 고수레를 하지 않았기 때문에 강의 귀신이 노해서 아킴을 자기 집으로 잡아갔다고 이야기해줬다. 그러면서 주술사는 아킴의 아버지에게 아침에 염소 한 마리와 한 바구니의 달걀, 그리고 흰옷 한 벌을 강으로 가지고 가서 그것들을 강의 귀신에게 제물로 바치라고 했다. 그러면 아킴이 물 위로 일곱 번 솟아오르게 될 것인데, 만일 아버지가 일곱 번째 때 그녀를 붙잡지 못하면, 그녀는 영원히 사라지게 될 것이라고 말했다.

아킴의 아버지는 집으로 돌아왔다. 그가 돌아오자 아킴이 물귀신에게 잡혀가는 것을 보았던 작은 새가 그에게 주술사의 말이 사실임을 확인해 주면서, 어떤 일이 있었는지 모두 이야기해줬다. 작은 새는 또 모든 것이 전적으로 아킴에게 고수레할 음식을 나눠주지 않은 일곱 소녀의 잘못이라고 말했다.

다음 날 아침 일찍 아킴의 부모는 강으로 갔다. 그리고 주술사가 시킨 대로 제물을 바쳤다. 그들이 그렇게 하자마자, 강의 귀신은 아킴을 강 한복판에서 위로 던졌다. 아킴의 아버지는 아킴이 일곱 번째 솟아오를 때 그녀를 단번에 붙잡았고, 감사하는 마음으로 아킴을 데리고 집으로 돌아왔다.

그러나 아킴의 아버지는 자신의 딸을 되찾았다는 말을 아무에게도 하지 않았다. 그러면서 질투심 많은 일곱 소녀를 벌해야 겠다고 결심을 굳혔다. 그는 자신의 집 마당에 깊은 구덩이를 파고, 구덩이 바닥에 마른 야자나무 잎과 날카로운 막대기들을 세워 놓았다. 그리고 구덩이의 입구를 새 거적으로 덮어 놓았다. 그는 마을의 모든 사람에게 전갈을 보내서, 자기 딸을 유령 나라에서 되찾아 왔으니, 자기 집으로 와서 잔치를 벌이며 즐기자고 했다.

모든 사람이 와서 밤낮으로 춤추며 노래를 불렀다. 그러나 일곱 명의 질투심 많은 소녀들은 겁에 질려서 나타나지 않았다. 그러나 그녀들은 첫날에 모든 것이 아무 일 없이 지나갔고 아무런 문제가 없었다는 이야기를 듣고, 그다음 날 아침에 아킴의 집으로 가서 춤추는 사람들과 같이 어울렸다. 다만 그녀들은 춤추는 사람들이 만드는 원의 중앙에 앉아있는 아킴을 마주 보는 것이 부끄러웠다.

아킴의 아버지는 일곱 소녀를 보자 자기 딸의 친구들로서 환대하는 척했다. 그리고 그녀들에게 황동으로 만들어진 막대기 모양의 목걸이를 선물하면서 일일이 목에 걸어주었다. 그는 그녀들에게 마실 것으로 톰보까지 제공해 주었다. 그리고 그는 그녀들을 따로 불러서, 그가 준비해 놓은 구덩이를 덮어놓은 거적 위에 가서 앉으라고 했다. 그녀들은 구덩이를 덮어놓은 거적 위를 걸어가다, 모두 구덩이에 빠지게 되었다. 그러자 아킴의 아버지는 즉시 모닥불에서 빨갛게 달아오른 숯을 가져다가, 고통에 소리를 지르는 소녀들 위로 던져버렸다. 마른 야자나무 잎에 바로 불이 붙었고, 소녀들을 즉시 태워 죽였다. 사람들이 비명

소리를 듣고, 연기를 보자 모두 마을로 달려왔다.

다음 날 죽은 소녀들의 부모들이 추장을 찾아가서, 아킴의 아버지가 자기 딸들을 죽였다고 탄원했다. 그래서 추장은 아킴의 아버지를 자기 앞에 불러와서 해명하도록 요구했다. 아킴의 아버지는 모든 사람의 신임을 받는 주술사를 데리고 즉시 추장에게 갔다. 그리고 작은 새도 증인으로 데리고 갔다. 추장이 모든 이야기를 듣고 아킴의 아버지에게 그가 일곱 소녀가 아니라 한 소녀만을 죽였어야 했다고 말했다. 그리고 추장은 아킴의 아버지에게 아킴을 자신에게 데려오라고 말했다. 아킴이 도착하자 추장은 그녀가 매우 아름다운 것을 보았고, 그녀의 아버지가 그녀를 대신해서 일곱 소녀를 죽인 것은 정당하다고 말했다. 그래서 그는 소송을 기각했고, 죽은 소녀들의 부모들에게 물러가서 딸들의 죽음을 애도하라고 말했다. 그녀들은 사악하고 질투심 많은 여자들이었기 때문에 아킴에 대해 행한 그들의 잔인한 행동에 대해 합당하게 처벌을 받은 것이다.

◆ 교훈 … 다른 사람의 아름다움에 대해 질투심을 느낀다고 해서 남자나 여자를 죽여서는 안 된다. 만일 그렇게 하면 반드시 처벌을 받을 것이다.

여자, 원숭이, 그리고 아이 …

'오쿤 아르치봉'은 '아르치봉' 왕의 노예 중 한명이었고, 칼라바 근처의 농장에 살았다. 그는 사냥꾼이었고 큰 영양인 부시벅이나 보통 영양, 그리고 많은 원숭이를 잡곤 했다. 그는 사냥한 동물의 가죽을 햇볕에 말려서, 그것들이 적당히 가공되면 시장에 나가 팔곤 했다. 원숭이의 가죽은 북을 만드는 데 사용됐고, 영양의 가죽은 깔고 앉는 매트를 만드는 데 쓰였다. 짐승의 고기도 장작불에 잘 훈제해서 팔았는데, 그럼에도 불구하고 그는 큰돈을 벌지는 못했다.

오쿤 아르치봉은 '은코요'라는 '듀크' 왕의 여자 노예와 결혼했다. 그는 듀크 왕에게 소량의 지참금을 지불하고 아내를 농장에 있는 자신의 집으로 데려왔다. 그리고 그는 건기에 아들을 얻었다. 아이가 태어나고 사 개월쯤 지났을 때, 은코요는 아이를 데리고 남편이 일하는 농장으로 갔는데 마침 남편은 사냥을 나가고 없었다. 그녀는 아이를 나무 그늘에 내려놓고 일하러 나갔다. 참마를 심기 위해서는 비가 오기 두 달쯤 전에 밭을 경작

해 놓아야 했기 때문이다. 매일 같이 엄마가 일하고 있는 동안, 숲에서 큰 원숭이가 와서 아이와 놀았다. 원숭이는 팔에 아이를 안고 나무 위에 올라갔다가, 은코요가 일을 마치고 돌아오면 그녀에게 아이를 돌려주곤 했다.

그런데 은코요를 오랫동안 사모하던 '에피옹 에뎀'이라는 사냥꾼이 있었다. 그는 은코요에게 계속 추근거렸지만, 그녀는 그에게 눈길조차 돌리지 않았다. 왜냐하면, 그녀는 남편을 매우 사랑했기 때문이다. 은코요가 아이를 얻었을 때, 에피옹 에뎀은 질투심에 불타올랐다. 어느 날 그는 농장에 아이가 없는 것을 보고는, 은코요에게 "네 아이는 어디 있어?"라고 물었다. 은코요는 큰 원숭이가 아이를 데리고 나무에 올라가서 그녀를 위해 아이를 돌봐준다고 대답했다. 에피옹 에뎀은 원숭이 덩치가 매우 큰 것을 보고는, 은코요의 남편에게 이간질을 하기로 작정했다.

다음 날 그는 오쿤 아르치봉을 찾아가서 그의 아내가 숲 속에서 큰 원숭이와 같이 있는 것을 보았다고 말했다. 처음에는 오쿤은 그 말을 믿으려 하지 않았다. 그러나 사냥꾼은 자기와 같이 가면 눈으로 확인할 수 있을 것이라고 말했다. 그래서 오쿤 아르치봉은 원숭이를 죽이기로 마음 먹었다. 다음 날 그는 에피옹 에뎀과 함께 농장으로 갔고, 원숭이가 나무에 올라가서 아이와 놀고 있는 것을 보았다. 그는 아주 조심해서 활을 겨냥하고 원숭이를 쏘아 맞혔다. 그러나 원숭이는 완전히 죽지 않았다. 원숭이는 매우 화가 났고, 그의 힘은 너무도 세서, 아이를 갈기갈기 찢어서 땅바닥에 던져 버렸다.

이것이 오쿤 아르치봉을 너무도 화가 나게 했다. 그는 자기 아내가 근처에 서 있는 것을 보고는 활로 쏘아버렸다. 그리고 그는 집으로 달려와서, 아르치봉 왕에게 무슨 일이 일어났는지를 이야기했다. 아르치봉 왕은 매우 용감했고 싸우는 것을 좋아했다. 그는 듀크 왕이 (자기 여자 노예를 죽였다는 이유로) 분명히 자신에게 전쟁을 걸어오리라는 것을 알고 있었기 때문에 즉시 전사들을 불러 모았다.

그가 완전히 준비되었을 때, 그는 듀크 왕에게 전령을 보내서 무슨 일이 있었는지를 말했다. 듀크 왕은 매우 분노했고, 전령을 다시 아르치봉 왕에게 돌려보내서, 오쿤 아르치봉을 자신이 원하는 방식으로 처형할 수 있게 자기에게 넘기라고 전했다. 아르치봉 왕은 그것을 거절하고 차라리 싸우겠노라고 말했다. 그러자 듀크 왕도 자신의 병사들을 보냈다. 그리고 양측은 평지에서 만나서 싸웠다. 듀크 쪽 병사 중 30명이 죽었고, 아르치봉 쪽에서는 20명이 죽었다. 그리고 수많은 부상자가 나왔다.

전반적으로 아르치봉 왕이 전투에서 우세했고, 듀크 왕은 점점 수세에 몰렸다. 전투가 절정으로 치달았을 때, 다른 추장들이 모든 에그보들에게 북을 가지고 모이게 했고, 전투를 중단시켰다. 그리고 다음 날 에그보 하우스에서 떠들썩한 회담이 벌어졌다. 아르치봉 왕에게 잘못이 있는 것으로 결론이 났고, 듀크 왕에게 6000 로드를 배상하라는 명령이 떨어졌다. 아르치봉 왕은 그 금액을 듀크에게 배상하기를 거절했고, 차라리 계속 싸울지언정 에그보들이 이 사건에 대해 판결을 내린 대로 6000 로드를 지불할 의사가 없다고 말했다. 그들이 다시 싸우려고 하자 나라 전체가 들고일어나서 더 이상의 싸움은 안 된다고 말했다. 그러자 아르치봉 왕은 사실 그 여인의 죽음은 자신의 노예인 오쿤 아르치봉의 잘못이 아니라, 거짓말을 한 에피옹 에뎀의 잘못이라고 듀크 왕에게 말했다. 그 말을 듣고 듀크 왕은 추장들에게 모든 일에 대한 결정을 맡기자는 아르치봉 왕의 말에 동의했다. 에피옹 에뎀이 불려와서 돌 위의 자기 자리에 앉았다. 그는 변명을 했지만 유죄로 판명이 났고, 매서운 회초리를 든 두 명의 에그보들이 나타나서, 그의 등을 벗기고 200대의 매질을 했다. 그리고는 그의 목을 잘라서 듀크 왕에게 바쳤다. 듀크 왕은 그것을 자신의 부적 앞에 놓았다.

 그때부터 지금까지 모든 유인원과 원숭이들은 인간을 무서워하게 되었다. 작은 아이라 할지라도 말이다. 에그보들은 어떤 추장이든지 자신의 남자 노예가 다른 부족의 여자 노예와 결혼하는 것을 허락해서는 안 된다는 법을 통과시켰다. 그렇게 하면 전쟁이 나기 때문이다.

이투엔과 왕의 부인 …

'이투엔'은 칼라바의 젊은이였다. 그는 외동아들이었고, 그의 부모는 아들을 무척 사랑했다. 왜냐하면 그는 균형 잡힌 몸매와 뛰어난 외모를 가지고 있었기 때문이다. 그들은 가난한 사람들이었다. 이투엔이 자라서 성인이 되었을 때, 그는 가지고 있는 돈이 거의 없었다. 사실 그는 먹을 것조차 없어서 매일 빈 자루를 가지고 시장으로 갔다. 장이 끝나면 먹을 수 있는 것은 무엇이든 눈에 보이는 대로 자루에 담아 오는 것이 그의 일상이었다.

그때는 '오피옹'이 왕이었다. 그는 노인이었지만 많은 부인을 거느리고 있었다. 이 부인들 중에서 '아템'이라는 여자는 아주 젊고 용모가 매우 뛰어났다. 그녀는 자신의 늙은 남편을 좋아하지 않았고, 젊고 잘생긴 남편을 원했다. 그래서 그녀는 하녀에게 시내와 시장으로 나가서 그런 남자를 찾아 밤에 자기 집의 샛문을 통해 데려오라고 했다. 그러면 자신이 그를 들어오게 할 것이고, 자기 남편이 그를 발견하지 못하도록 조심을 할 것이라고 했다.

그날 하녀는 시내를 다 돌아다녔지만 충분히 잘생긴 젊은 남자를 찾아내지 못했다. 그녀는 그런 남자를 찾아내지 못했다고 고하기 위해서 돌아가려고 했다. 바로 그때, 시장터를 가로질러 가다가, 하녀는 이투엔이 옥수수 부스러기와 땅에 떨어져 있는 다른 것들을 줍고 있는 것을 보았다. 하녀는 즉시 그의 잘생긴 외모와 힘에 충격을 받았고, 그가 바로 자신의 여주인의 연인이 될 남자라는 것을 알았다. 그래서 그녀는 그에게 다가가 왕비가 그의 외모에 매혹되어서 그를 찾는다고 말했다. 처음에는 에투엔은 겁을 먹고, 왕비에게 가기를 거부했다. 왜냐하면 왕에게 발각되면 죽는다는 것을 알고 있었기 때문이다. 그러나 오랜 설득 끝에 그는 동의를 했고, 그날 밤에 왕비의 샛문으로 가기로 했다.

밤이 되자 그는 잔뜩 겁을 먹고 떨리는 마음으로 왕비의 문을 조심스레 두들겼다. 왕비가 직접 문을 열었고, 그녀는 가장 좋은 옷을 입고 있었다. 그녀는 많은 목걸이와 묵주들, 그리고 발찌들을 하고 있었다. 그녀는 이투엔을 보자마자 즉시 사랑에 빠졌고, 그의 멋있는 외모와 그의 균형 잡힌 팔다리들을 칭찬했다. 그리고 그녀는 하녀에게 물과 옷을 가져오게 했다. 그는 잘 씻고 새 옷을 입고서 왕비를 다시 만났다. 그녀는 그를 자기 집에 밤새도록 숨겨 놓았다.

아침이 되어 그가 가고 싶다고 하자 왕비는 그를 못 가게 했다. 그리고 아주 위험한 일임에도 불구하고, 그를 집안에 숨기고는, 그에게 비밀리에 음식과 옷을 가져다주었다. 이투엔은 그곳에서 이 주 동안 머물렀다. 그리고 나서 그가 집에 가서 어머니를 봐야할 때라고 말하자, 왕비는 그의 뜻에도 불구하고 일주일만 더 있으라고 그를 설득했다.

그가 떠나야 할 때가 되자, 왕비는 50명의 짐꾼들에게 가난한 이투엔의 어머니에게 보내는 선물을 들려서 그와 함께 보냈다. 10명의 노예가 300 로드를 운반했다. 다른 40명은 참마와 후추, 소금, 담배 그리고 옷가지를 운반했다. 모든 선물이 도착하자 이투엔의 어머니는 매우 기뻐하면서 그녀의 아들을 껴안았다. 그리고 그가 아주 좋아 보이고 평소보다 훨씬 좋은 옷을 입고 있는 것을 알았다. 그러나 그녀는 이투엔이 왕비의 관심을 끌게 되었다는 것을 듣게 되자 겁에 질렸다. 왜냐하면 그녀는 왕의 부인의 관심을 끄는 자에게 주어지는 처벌을 알고 있었기 때문이다.

이투엔은 한 달 동안 부모의 집에 머물렀고, 농장에서 일을 했다. 그러나 왕비는 더 이상 그녀의 연인 없이 지낼 수가 없었다. 그래서 그녀는 이투엔에게 당장 그녀를 보러 오라고 했다. 그래서 이투엔은 다시 전처럼 밤에 왕비를 찾아갔다. 왕비는 그를 다시 보게 되어서 매우 기뻐했다.

그런데 왕의 하인 몇 명이 한밤중에 왕비의 방에 쳐들어 왔다. 그들은 예전에 이투엔의 어머니에게 선물을 가져다 준 노예로부터 정보를 입수했던 것이다. 이투엔과 같이 있던 왕비는 깜짝 놀랐다. 왕의 하인들은 즉시 왕에게 가서 자신들이 본 것을 왕에게 보고했다. 이투엔은 투옥되었고, 왕은 모든 백성들에게 재판소로 와서 이 사건의 재판을 참관하라는 명을 내렸다. 재판이 진행되자 이투엔은 유죄로 판결이 났고, 왕은 여덟 명의 에그보들에게 그를 수풀로 데려가서 전통에 따라 처리하라고 말했다. 그러자 에그보들은 이투엔을 수풀로 끌고 가서 나무에 묶었다. 그리고는 날카로운 칼로 그의 아래턱을 잘라서 왕에게 가져다주었다.

왕비가 자기 연인의 운명에 대해 들었을 때 그녀는 매우 슬퍼서 사흘을 울었다. 이것이 왕을 화나게 만들어서, 왕은 에그보들에게 자기 부인과 그녀의 하녀를 그들의 법에 따라 처리하라고 말했다. 에그보들은 왕비와 하녀를, 이투엔이 여전히 묶여있는 채로 엄청난 고통을 받으며 죽어가고 있는 수풀로 데려갔다. 그리고 왕비가 자기변호를 위한 아무런 말도 하지 않았기 때문에, 그들은 그녀와 하녀를 다른 나무에 묶고, 그녀의 연인에게 했던 것과 똑같이 여왕의 아래턱을 잘라냈다. 그리고 나서 에그보들은 하녀의 두 눈을 뽑았고, 셋을 굶어 죽게 했다.

왕은 앞으로는 이투엔의 가문에 속하는 사람은 그 누구도 장날에 장에 들어 갈 수 없으며, 누구도 장에서 쓰레기를 주워서는 안 된다는 에그보 법을 만들었다. 왕은 이 법에서 독수리와 개만을 예외로 규정했다. 왜냐하면 그들은 왕의 부인들 중 하나와 도망갈 가능성이 전혀 없어 보였기 때문이다. 이것이 오늘날까지 여전히 장터에서 쓰레기를 뒤지고 있는 독수리와 개를 발견할 수 있는 이유이다.

사람들이 인소판 산에서 크로스 강까지 이주한 이유 …

　가장 늙은 사람들조차 기억하지 못할 아주 오래전 옛날, '이콤', '오쿠니', '아비존', '인소판', '오보쿰' 그리고 다른 '인조르' 마을들은 '인소판' 산 근처에 몰려 있었다. 이 나라의 최고 수장은 '아그보'라고 불렸다. '아브라그바' 족과 '엔피톱' 족도 그곳에 살았는데, 마찬가지로 아그보 왕 휘하에 있었다. 인소판 산은 크로스 강에서 내륙 쪽으로 걸어서 이틀 정도 걸리는 거리였다. 그곳의 사람들은 아무도 수영을 할 줄 몰랐고, 카누 같은 배도 전혀 몰랐다. 그렇기 때문에 그들은 마을 밖으로 한 번도 나가본 적이 없었고, 큰 강으로 내려가는 것을 두려워했다. 나라 전체가 참마 농장에 전념했고, 여러 곳으로 나뉘어져 있는 각각의 마을들은 각자 자신들의 수풀을 가지고 있었다.
　참마를 수확하는 매해 말에는 큰 축제가 벌어졌는데 '새 참마 축제'라고 불렸다. 이 축제에는 언제나 많은 인간을 제물로 바치곤 했는데, 하루에 50명의 노예가 살해되었다. 이 노예들은 줄을 맞춰서 나무에 묶였고, 많은 북소리가 울리는 가운데, 마체테 칼을 든 건장한 남자가 차례차례 노예들의 목을 베었다. 이것은 참마의 독을 제거하기 위한 의식이었는데, 그렇게 해야 참마가 사람들의 위장에 상처를 주지 않기 때문이다. 이 제물을 바치는 행사가 있기까지는 아무도 새로 수확한 참마를 먹지 않았다. 만일 이러한 의식을 하지 않고 참마를 먹으면 뱃속에서 큰 고통을 겪을 것이라는 것을 알고 있었기 때문이다.

축제가 열리면 모든 마을에서 아그보 왕에 대한 선물로 백 개의 참마를 가지고 온다. 노예들이 모두 살해되면 불을 피우고, 죽은 시신들은 털을 태워버리기 위해 불 위에 올린다. 많은 플렌테인 잎들을 모아 바닥에 깔고, 조각으로 잘린 시신을 그 위에 놓는다. 껍질을 벗긴 참마는 물, 기름, 후추, 소금과 함께 커다란 솥에 넣는다. 잘려진 시신들을 그 위에 놓고, 솥을 흙으로 만든 다른 솥으로 뚜껑을 덮고 한 시간 정도 끓인다. 모든 사람을 한자리에 부른 왕은 '새 참마 축제'가 시작되었음을 선언하고, 노래와 춤이 사흘 밤낮 동안 지속된다. 그 기간에 많은 야자 술이 소비되고, 사람들은 요리한 시신과 참마들을 나누어 먹는다. 머리들은 왕의 몫으로 제공되고, 왕이 그것을 다 먹고 나면 해골들은 수호신 상 앞에 새로운 참마들과 함께 놓인다. 그렇게 해야 다음 해에 풍성하게 수확할 수 있다. 비록 원주민들이 새 참마 축제에서 노예 고기를 먹지만, 일 년 중 다른 때에는 사람의 고기를 먹지 않는다.

이러한 풍습은 오랫동안 지속 되어왔는데, 어느 해인가 오쿠니 사람들은 매장된 사람들의 무덤이 종종 파헤쳐지고 시신이 없어진다는 것을 알았다. 그것은 경악할 만한 충격적인 사건이었고, 사람들은 누군가 자기 친척들의 시신을 강탈하는 것을 좋아하지 않았기 때문에, 아그보 왕에게 탄원을 했다. 왕은 즉시 새로 만든 무덤에 보초를 세우라 명했고, 바로 그날 밤 그들은 일곱 명의 남자를 붙잡았다. 그들은 매우 탐욕스러웠고, 새로 시신이 매장될 때면 그것을 파내서 수풀로 가져갔고, 그곳에서 불을 피워서 요리해 먹었다. 그들이 붙잡히자 사람들은 그들이 어디에 살고, 어디에서 시신을 요리했는지 실토하게 했다. 그들은 다른 마을 사람들이었다. 숲으로 몇 시간을 걸어가자, 그들은 인골과 해골들이 산더미처럼 쌓여있는 장소에 도착했다. 일곱 명의 죄수는 포박되어서 아그보 왕 앞에 잡혀 왔다. 왕은 모든 마을의 사람들을 불러서 큰 재판을 열었고, 그곳에서 모든 상황에 대해 논의하였다.

아그보 왕은 이러한 범죄를 막기 위하여 모든 마을이 서로 멀리 떨어질 필요가 있다고 말했다. 왜냐하면 사람들이 자기 친척의 시신이 다른 마을 사람들에 의해서 파헤쳐져서, 이 탐욕스러운 인간들에게 먹히는 것을 용납할 수 없을 것이지만, 그러한 행위를 방지할 아무런 방법이 없었기 때문이었다. 그래서 아그보 왕은 일곱 명의 죄수들을 일곱 마을에 한 명씩 주면서, 일부 마을에게는 큰 강의 건너편 쪽으로 가서 그들의 마을을 새로 건설하라고 명했다. 다른 마을들은 이소판 산과 같은 편의 큰 강 아래쪽으로 이주하라고 했다. 그러면서 마을을 세우기에 적당한 장소를 찾으면, 자신이 준 죄수를 죽여서 제물로 바친 뒤 새로운 마을을 세우라고 했다. 그래서 모든 마을은 흩어졌다. 그들은 각자 적당한 장소를 발견했고, 그곳에 자신들의 마을을 세웠다. 그들이 모두 떠나자 그 후로 아그보 왕은 매우 외로움을 느꼈다. 그래서 그도 옛 마을을 버리고 크로스 강으로 이주했고, 그곳에서 그의 친구들을 볼 수 있었다.

그 후로 '새 참마 축제'는 각 마을마다 열리게 되었고, 사람들은 여전히 축제 때 노예들을 죽여서 먹는 것을 계속했다. 그러나 그들은 탐욕스러운 인간들이 친척의 시신을 무덤에서 꺼내 먹지 못하도록, 시신이 썩을 때까지 오랫동안 땅 위에 보관했다.

이것이 오늘날까지 죽은 사람이 부패할 때까지 매장을 미루는 이유이다.

고아 소년과 마법의 돌 …

 '인키타'라는 이름의 '인데' 추장은 '아용 키타'라는 아들이 있었는데, 그의 부인은 아들을 낳다가 죽었다. 늙은 추장은 사냥꾼이었고, 그는 수풀로 사냥을 갈 때면 그의 아들을 데리고 가곤 했다. 그는 사냥 대부분을 인데 지방 전역에서 자라는 키 큰 풀 속에서 했는데, 건기에는 많은 수의 영양을 잡았다. 이 시절에는 사람들에게 총이 없었기 때문에, 추장은 그가 잡는 모든 것을 활과 화살을 가지고 맞혀야 했는데, 그것은 많은 기술이 필요한 것이었다. 그의 어린 아들이 충분히 나이가 들자, 그는 아들에게 작은 활과 화살을 주고 활 쏘는 법을 가르쳤다. 어린 소년은 아주 빨리 배웠고, 도마뱀이나 작은 새들을 가지고 꾸준히 연습해서, 금방 자신의 작은 활을 능숙하게 사용할 수 있게 되었다. 소년은 곧 자신이 쏘는 것들은 거의 매번 맞출 수 있게 되었다.
 소년이 열 살이 될 때 그의 아버지가 죽었다. 그래서 소년은 아버지 집의 주인이 되어서 모든 노예를 통솔하게 되었다. 그러자 노예들은 매우 불만에 차서, 그를 죽일 계획을 세웠다. 그래서 소년은 수풀 속으로 도망쳤다. 먹을 것이 아무것도 없었기 때문에, 소년은 며칠 동안 야자나무에서 떨어진 열매들을 먹고 살았다. 그는 큰 동물들을 죽이기에는 너무 어렸고, 그가 가진 작은 활과 화살로는 약간의 다람쥐나 들쥐, 그리고 작은 새들만을 잡을 수 있을 뿐이었다. 소년은 그렇게 근근이 살아갔다.

한번은 밤에 소년이 나무의 패인 홈에서 자고 있을 때, 꿈속에서 아버지가 나타나서 많은 보물이 묻혀있는 장소를 가리켜줬다. 그러나 어린 소년이었기 때문에 그는 겁에 질려서 그 장소에 가지 않았다. 꿈을 꾸고 나서 얼마가 지나고 난 어느 날, 오랫동안 걸어서 매우 목이 말랐기 때문에 소년은 호수로 갔다. 막 물을 마시려고 할 때 소년은 '쉬익 쉬익'하는 소리를 들었고, 그 물을 마시지 말라는 목소리를 들었다. 아무도 보이지 않았다. 소년은 겁에 질려서 물을 마시지 않고 도망쳤다.

다음 날 아침 일찍, 소년이 그의 활을 가지고 작은 동물을 사냥하러 나왔을 때, 소년은 아주 긴 머리를 한 노파를 만났다. 노파의 추한 외모 때문에 소년은 그녀가 마귀할멈임이 틀림없다고 생각했다. 그래서 소년은 도망치려고 했지만, 노파는 소년에게 겁먹지 말라고 말했다. 그녀는 소년이 죽은 아버지의 집을 되찾을 수 있도록 도와주겠다고 했다. 노파는 또 소년에게 호수에서 물을 마시지 말라고 소리친 것이 자기였다고 말했다.

왜냐하면 물속에는 나쁜 귀신이 있어서 그를 죽이려 했기 때문이었다.

　노파는 아용을 호수에서 조금 떨어진 개울로 데리고 갔다. 그녀는 허리를 굽혀서 물속에서 작고 빛나는 돌을 꺼냈다. 노파는 그것을 소년에게 주면서, 꿈에서 만난 아버지가 가르쳐준 장소로 가라고 말했다. 그러면서 노파가 말했다.

　"그곳에 도착하면 너는 땅을 파야 한다. 그러면 너는 많은 돈을 발견하게 될 것이다. 너는 그것을 가지고 가서 건장한 노예 두 명을 사거라. 네가 노예를 얻게 되면, 그들을 마을에서 멀리 떨어진 숲으로 데리고 가야 한다. 그리고 그들에게 방이 여러 개 있는 집을 짓게 시켜라. 그리고 그 방들 중 하나에 이 돌을 모셔야 한다. 네가 무엇이든 원하는 것이 있을 때면, 너는 그 방에 들어가서 돌에게 네가 원하는 것을 말하면 된다. 그러면 너의 소원이 즉시 이루어질 것이다."

　아용은 노파가 말해준 대로 했고, 많은 어려움과 위험을 겪은 후에 두 명의 노예를 샀고, 숲 속에 집을 지었다. 그는 매우 정성을 다해서 소중한 돌을 안쪽 방에 모셨다. 그리고 얼마 동안 그가 무엇을 원할 때면, 그는 그 방에 가서 자신이 원하는 것을 살 수 있는 충분한 수의 로드를 달라고 했고, 그것들은 언제나 즉시 대령 되었다.

　이렇게 몇 년이 지나갔고, 아용은 자라서 청년이 되었다. 그는 매우 부자가 되었다. 그는 많은 노예를 샀고, 그 당시에 노예 매매에서 큰 거래를 하던 '아로'인들과 친구가 되었다. 십 년이 지나자 아용은 큰 마을과 많은 노예를 가지게 되었다.

어느 날 밤 꿈에 노파가 나타나서, 그가 충분히 부자가 되었으니 이제는 마법의 돌을 그것이 나온 작은 개울에게 돌려줄 때가 된 것 같다고 말했다. 그러나 아용은 부자가 된 것에 만족하지 못했다. 그는 아버지의 집을 되찾고, 인데 나라 전체의 대추장이 되기로 했다. 그래서 그는 온 나라의 모든 주술사와 두 명의 마법사를 고용했다. 그리고 그의 모든 노예를 데리고 그의 아버지의 마을을 정복하기로 했다.

아용은 전쟁을 시작하기 전에 큰 회의를 열었다. 그리고 주술사들에게, 나중에 자기가 나라를 통치하게 됐을 때 자기를 죽이려는 나쁜 마음을 가지고 있는 노예들을 색출해내라고 말했다. 그러자 주술사들은 함께 논의해서 50명의 노예를 색출해냈다. 주술사들의 말에 의하면, 그들은 마법사들이고 아용을 죽이려고 시도하리라는 것이었다. 아병은 즉시 그들을 밀박했고, 그들이 마법사인지 아닌지 알아보기 위해 그들에게 '에셔' 콩11) 시험을 하게 했다. 그들 중 누구도 콩을 뱉어내지 못하고

---

11) '에셔 콩' 또는 '칼라바 콩'은 매우 강력한 독을 가지고 있는데, 예전에 원주민들에 의해서 많이 사용되었다. 그들은 이 콩을 돌절구에 갈아서 피의자들에게 삼키게 했다. 만일 그 사람이 죽으면 유죄이고, 살아나면 그가 받고 있는 혐의 사실이

다 죽어버렸기 때문에, 마법사였던 걸로 선언이 되었다. 아용은 그들을 즉시 땅에 묻으라고 했다. 남아있는 노예들은 벌어진 일을 보고 모두가 그에게 와서 그의 자비를 빌었다. 그리고는 그를 충실하게 수행할 것을 약속했다.

  50명의 노예는 땅에 묻혔지만 가만있지 않았고, 아용을 매우 괴롭혔다. 얼마의 시간이 지나자 아용은 매우 심하게 병이 들었다. 그래서 그는 주술사들을 다시 불렀다. 주술사들은 마법사들이 죽어서 땅에 묻혔지만, 여전히 힘이 있어서 밤이면 밖으로 나와 아용의 피를 빨아먹었고, 그것이 그의 병의 원인이라고 말했다. 그러면서 그들이 말했다.

  "우리는 단지 세 명의 주술사일 뿐입니다. 당신은 마법의 숫자 10을 만들기 위해서 우리 같은 주술사 7명이 더 필요합니다."

  7명의 주술사가 더 오자 그들은 50명의 마법사의 시체를 파냈고, 그것들이 전혀 부패하지 않았다는 것을 알았다. 그래서 아용은 큰불을 피워서 그들을 차례차례 태웠고, 주술사들에게 큰 선물을 주었다. 곧 그는 다시 상태가 아주 좋아져서 아버지의 재산을 되찾고, 나라 전체를 지배했다.

    어떤 것이든지 간에 무죄를 입증한 것으로 간주하였다. 대체로 독을 먹은 지 2시간 후에 사망에 이르게 된다. 만일 피의자가 충분한 양의 같은 콩을 먹은 후 그것을 토해내면 살아나고, 그렇지 못하면 큰 고통 속에 죽는다.

그때 이후로 누군가가 마법사라고 의심을 받으면, 그들은 독성분이 있는 에서 콩 테스트를 받아야 한다. 만일 콩을 뱉어내고 죽지 않으면 무죄로 선언되고, 그렇지 못하면 큰 고통 속에 죽는다.

사악한 노예 여자 …

'이비비오' 지역의 도시인 '오쿠'의 토박이인 '아크판'은 이비비오에 사는 '엠메'라는 소녀를 매우 좋아했고, 그녀와 결혼하고 싶어 했다. 왜냐하면, 엠메는 그녀의 친구들 중에서 가장 예뻤기 때문이다. 그 당시에는 부모가 자신들의 딸들을 주는 대가로 큰 액수의 지참금을 요구하는 것이 풍습이었다. 만일 결혼을 한 후에 딸들이 남편들과 잘 지내지 못하면, 스스로 빚을 청산할 수 없었기 때문에, 노예로 팔렸다. 아크판은 아주 큰 금액을 엠메에 대한 지참금으로 지불했다. 그리고 그녀는 결혼하기에 적당한 때가 올 때까지 '살찌우는 집'에 들어가게 되었다.

아크판은 엠메의 부모에게 딸이 준비가 되면 반드시 자신에게 보내야 한다고 말했고, 엠메의 부모는 그러기로 약속했다. 엠메의 아버지는 부자였다. 7년이 지나서 엠메가 남편에게 가야 할 시간이 되었다. 엠메를 데리러 오는 길에 엠메의 아버지는 아주 마른 소녀를 보았는데, 그녀도 막 살찌는 집에서 나왔다. 그녀의 부모는 그녀를 노예로 팔고 싶어 했다. 엠메의 아버지는 그 소녀를 사서 자신의 딸인 엠메에게 하녀로 주었다.

엠메가 남편의 집으로 가기로 한 날, 엠메의 여동생은 언니와 너무 같이 가고 싶어서, 어머니에게 언니와 함께 가게 해달라고 졸랐고, 결국 어머니의 허락을 받았다. 그래서 엠메와 여동생, 그리고 노예 여자는 함께 출발했다. 노예 여자는 엠메 아버지의 선물과 옷이 담긴 커다란 보따리를 날랐다. 아크판의 집은 엠메가 살던 곳에서 하루 종일 걸어가야 하는 거리였다.

마을밖에 도착하자 세 여자는 샘으로 갔다. 그곳은 사람들이 물을 마시는 곳이었다. 그러나 누구도 그곳에 몸을 담가서는 안 됐다. 그러나 엠메는 그것을 전혀 몰랐다. 세 여자는 샘가에서 몸을 씻기 위해 옷을 벗었다. 그 샘에는 깊은 웅덩이가 있었는데, 그 웅덩이는 물귀신의 집으로 연결되어 있었다. 노예 여자는 이 귀신에 대해 알고 있었다. 그래서 만일 그녀가 자기 여주인을 샘에 빠지게 만들면, 여주인은 귀신에게 잡혀 갈 것이고, 그렇게 되면 자기가 그녀를 대신해서 아크판과 결혼할 수 있을 것이라고 생각했다.

세 여자는 씻기 위해 샘으로 갔다. 그들이 물 가까이 갔을 때, 노예 여자는 여주인을 물속으로 밀어버렸고, 엠메는 순식간에 사라졌다. 어린 여동생은 울기 시작했다. 그러자 노예 여자가 말했다.

"만일 네가 계속 울면 당장 죽여 버릴 거야. 그리고 네 언니처럼 웅덩이로 던져버릴 거야."

그리고 노예 여자는 어린아이에게 무슨 일이 일어났는지 아무에게도 이야기하면 안 된다고 말했다. 특히 자기가 언니를 대신해서 아크판과 결혼할 것이기 때문에, 그에게 이야기하면 절대로 안 되고, 만일 누구에게든 그녀가 본 것을 이야기하면 즉시 죽여 버리겠다고 했다. 그리고 나서 노예 여자는 아크판의 집으로 가는 길에 어린 소녀에게 짐을 들게 했다.

노예 여자와 여동생이 아크판의 집에 도착하자, 아크판은 노예 여자의 외모를 보고 몹시 실망했다. 왜냐하면 그녀는 자기가 기대했던 것만큼 예쁘거나 세련되지 않았기 때문이다. 그러나 그는 엠메를 7년 동안이나 보지 못했기 때문에, 그녀가 막대한 지참금을 지불했던 진짜 엠메라는 사실에 전혀 의심을 품지 않았다. 그래서 그는 잔치를 벌이기 위해서 자기 친구들을 모두 불렀다. 친구들이 도착했을 때, 그들은 깜짝 놀라서 말했다.

"이 여자가 네가 그렇게 많은 지참금을 지불하고, 우리에게 그렇게 많이 이야기했던 그 여자란 말이야?"

아크판은 그들에게 대답할 말이 없었다.

노예 여자는 엠메의 여동생에게 매우 잔인하게 굴었고, 여동생이 죽기를 바랐다. 그래야 남편과의 관계가 더 안전해질 것이기 때문이었다. 그녀는 매일 여동생을 때렸고, 언제나 가장 큰 물동이를 샘으로 나르게 했다. 심지어 어린아이에게 손가락을 장작처럼 아궁이 속에 집어넣게 했다. 식사시간이 되면 노예 소녀는 아궁이로 가서 불이 타고 있는 장작을 꺼내서 어린아이의 몸 전체를 지졌다. 아크판이 그녀에게 어째서 어린아이에게 그렇게 못되게 구느냐고 물으면, 그녀는 그 아이는 노예였는데 자기 아버지가 자기에게 사준 것이라고 했다.

하루는 어린 소녀가 아주 무거운 물동이를 가지고 강으로 가서 물을 채웠을 때, 누구도 그녀를 위해서 물동이를 들어주지 않았다. 소녀는 혼자서 물동이를 머리 위에 얹을 수 없었기 때문에 샘에 오랫동안 혼자 남아있어야 했다. 결국, 소녀는 울면서 언니 엠메를 부르며 도와달라고 했다. 엠메는 여동생이 울면서 자기를 부르는 소리를 듣고서, 물귀신에게 동생에게 가서 도와줄 수 있게 해달라고 애원했다. 그러자 물귀신은 동생에게 가도 좋지만, 즉시 자기에게 되돌아와야 한다고 말했다. 여동생은 엠메를 다시 보자 그녀에게서 떠나려고 하지 않았다. 그러면서 자기도 언니와 같이 구덩이로 들어갈 수 있느냐고 물었다. 그리고 엠메에게 사기가 노예 여자에게 얼니니 나쁜 일을 당해 왔는지 이야기했다. 그러자 그녀의 언니는 복수할 날이 곧 올 테니 조금만 참고 기다리라고 했다. 어린 소녀는 언니를 만났기 때문에 기쁜 마음으로 아크판의 집으로 돌아갔다. 그러나 그녀가 집에 도착하자, 노예 여자는 "물을 길어오는데 왜 이렇게 시간이 오래 걸리는 거야?"라고 하면서 아궁이에서 장작을 꺼내서 소녀의 몸을 다시 지졌다. 그리고는 그날 밥도 주지 않았다.

이런 일이 얼마 동안 계속되었다. 마침내 어느 날 어린아이가 강으로 물을 길으러 갔을 때, 모든 사람이 다 떠난 후에, 아이는 지난번처럼 울면서 언니를 불렀다. 그러나 언니는 오랫동안 나타나지 않았다. 그것은 아크판의 마을에서 온 사냥꾼이 웅덩이 근처에 숨어서 지켜보고 있었기 때문이었다. 물귀신은 엠메에게 나가서는 안 된다고 말했다. 그러나 여동생이 계속 비통하게 울었기 때문에, 엠메는 마침내 물귀신을 설득해서 허락을 받았고, 금방 돌아오겠다는 약속을 했다. 엠메가 물에서 나오자 석양빛이 그녀의 반짝이는 몸에 비치면서 너무도 아름답게 보였다. 엠메는 동생이 물동이를 드는 것을 도와주고 웅덩이로 다시 사라졌다.

사냥꾼은 자신이 본 것에 대해서 깜짝 놀랐다. 그는 돌아와서 아크판에게 정말 아름다운 여인이 물에서 나와서 어린 소녀가 물동이를 이는 것을 도와줬다고 말했다. 그리고 그는 또 자신은 샘에서 보았던 그 여자가 아크판의 아내인 엠메임에 틀림없고, 물귀신이 그녀를 잡아간 것이라고 확신한다고 말했다. 그래서 아크판은 자신이 직접 가서 무슨 일이 벌어지는지 보아야겠다고 마음먹었다. 그는 아침 일찍 사냥꾼을 불렀다. 두 사람은 같이 강으로 가서, 샘 근처의 숲에 숨었다.

아크판은 엠메가 물에서 나오는 것을 보고, 즉시 그녀를 알아보았다. 그리고는 집으로 가서, 어떻게 하면 그녀를 물귀신으로부터 찾아올 수 있을까 곰곰이 생각했다. 그의 친구들은 그에게 물귀신에게 자주 제물을 바치는 노파를 찾아가서 어떻게 하는 것이 최선의 방법인지 조언을 받으라고 했다. 그가 노파를 찾아가자, 노파는 자신에게 백인 노예 한 명과 염소 한 마리, 흰옷 한 벌, 흰색 닭 한 마리, 그리고 한 바구니의 달걀을 가져오라고 말했다. 그리고 '큰 귀신의 날'이 되면 그것들을 물귀신에게 가져가서, 아크판을 대신해서 제물로 바치겠다고 했다. 그다음 날 제물이 받아들여지면, 물귀신은 엠메를 자신에게 돌려줄 것이고, 그러면 그녀를 아크판에게 데려다 주겠다고 했다.

그래서 아크판은 노예와 다른 것들을 모두 노파에게 사줬다. 그리고 제물을 바치는 날이 되자 그는 친구인 사냥꾼과 함께 노파가 제물을 바치는 것을 지켜보았다. 노예는 묶인 채로 샘가로 끌려갔다. 노파는 물귀신을 불렀고, 날카로운 칼로 노예의 목을 베고 샘으로 밀어 넣었다. 노파는 염소와 닭도 같은 방식으로 처리했고, 그 위로 날살과 옷을 던졌다. 일이 다 끝나지 그들은 모두 집으로 돌아왔다.

다음 날 아침 새벽녘에, 노파는 샘으로 가서 샘가에 서 있는 엠메를 발견했다. 그래서 노파는 자기는 남편의 친구라고 말하고, 그녀를 남편에게 데려다 줄 것이라고 말했다. 노파는 엠메를 자기 집으로 데려가서 자기 방에 숨겼다. 그리고 아크판에게 전갈을 보내 자기 집으로 오라고 하면서, 노예 여자가 이 일에 대해서 절대 알지 못하도록 각별히 조심하라고 했다.

그래서 아크판은 뒷문으로 몰래 나와서 아무도 만나지 않고 노파의 집에 도착했다. 엠메는 아크판을 보자 여동생에 대해서 물었다. 그래서 아크판은 친구인 사냥꾼을 샘으로 보냈다. 사냥꾼은, 아침에 필요한 물을 긷기 위해 물동이를 나르고 있는 여동생을 만났다. 사냥꾼은 노파의 집으로 여동생을 데려왔다.

엠메는 여동생을 포옹하고 나서, 동생에게 집으로 돌아가서 노예 여자가 약이 오를 만한 행동을 하고 최대한 빨리 노파의 집으로 돌아오라고 했다. 그러면 틀림없이 노예 여자가 쫓아 올 것이고, 노파의 집에서 자신이 죽였다고 믿고 있던 엠마를 보게 될 것이었다.

여동생은 언니가 말해준 대로 했다. 여동생은 집에 들어가자 마자 노예 여자에게 소리쳤다. "너는 네가 사악한 여자이고 나에게 못되게 대했다는 걸 알고 있니? 나는 네가 우리 언니의 노예에 불과하다는 것을 알고 있어. 너는 이제 벌을 받을 거야!" 그러고 나서 여동생은 있는 힘을 다해서 노파의 집 쪽으로 달렸다. 노예 여자는 어린 소녀가 하는 말을 듣자마자, 화가 머리끝까지 올라와서, 아궁이에서 활활 타는 장작을 집어 들고 아이를 쫓아갔다. 노예 여자는 아이의 발끝까지 쫓아왔다. 그러나 어린아이가 먼저 노파의 집에 도착해서 안으로 달려 들어가

버렸다. 그러자 엠마가 나와서 노예 여자의 앞에 섰다. 노예 여자는 자기가 죽였다고 믿었던 여주인을 단번에 알아보았고, 얼어붙은 채로 서 있었다.

그리고 그들은 모두 아크판의 집으로 돌아왔다. 집에 돌아와서 아크판은 노예 여자에게 그녀가 엠메 행세를 하면서 노린 것이 무엇이었느냐고 물었다. 그리고 어째서 그녀를 죽이려고 했는지도 물었다. 그러나 모든 것이 탄로 난 것을 알고는, 노예 여자는 아무 말도 못 했다.

아크판이 아내를 되찾은 것을 축하하기 위해서 잔치가 벌어졌고, 많은 사람이 초대됐다. 그들이 모두 도착하자 아크판은 노예 여자가 했던 일을 그들에게 말해 줬다. 그러고 나서 엠메는 노예 여자를 그녀가 여동생에게 했던 것과 똑같은 식으로 다뤘다. 아궁이에 손가락을 집어넣게 했고, 장작으로 지졌다. 그녀는 또 노예 여자가 속이 빈 나무에 머리를 넣게 하고 사람들로 하여금 마구 때리도록 하였다. 그리고 나서 노예 여자는 나무에 묶였고, 굶어 죽었다.

그때 이후로 남자들은 여자와 결혼할 때면, 언제나 살찌우는 집에서 여자가 나올 때 참관을 했고, 여자를 자기 집에 직접 데려갔다. 그렇게 함으로써 엠메와 그녀의 여동생에게 일어났던 나쁜 일은 다시는 일어나지 않았다.

에씨도와 그의 나쁜 친구들 …

'오보리' 추장은 칼라바 강의 오른편에 있는 '아디아고르'라는 마을에 살았다. 그는 돈 많은 추장이었고, 에그보 그룹에 속해 있었다. 그는 큰 카누 여러 척을 가지고 있었고, 노를 저을 노예들도 충분히 소유하고 있었다. 각각의 카누에는 한 명의 수석 노예와 8명의 노 젓는 노예가 있었다. 이 카누들에 그는 새로 수확한 참마들을 가득 채우곤 했다. 카누들은 또 300통의 야자유를 실을 수 있었고, 그 가격이 각각 800 로드였다. 카누에 짐을 가득 실으면 약 열 척씩 같이 출발해서, 계속해서 맹그로브 늪지로 이어지는 물길을 따라 '리오 델 레이'를 향해서 노를 저어 갔다. 맹그로브 늪지를 지나면, 그들은 야자수들이 여기 저기 자라고 있는 작은 만들을 통해야 했다. 가끔 돌풍이 부는 시즌에 만을 가로 질러가는 것은 매우 위험한 일이었다. 카누들이 짐을 많이 실어서 물위로 겨우 몇 인치만 나와 있었기 때문에, 작은 파도에도 물에 잠겨서 침몰했기 때문이다. 대부분의 노예가 수영을 할 줄 알았지만, 가끔 그들 중 몇 명을 잃기도 했다.

제3장 인간 … 171

왜냐하면 그 물속에는 큰 악어들이 많았기 때문이다. 그들은 나흘 동안 힘들게 노를 저어서 리오 델 레이에 도착했고, 그곳에서 큰 어려움 없이 새로 수확한 참마를 말린 새우를 담은 자루들과 훈제된 물고기를 꿰어놓은 막대들과 교환할 수 있었다.[12]

오보리 추장에게는 두 아들이 있었는데, 그들의 이름은 '에요이'와 '에씨도'였다. 그들의 어머니는 아이들이 어렸을 때 죽었고, 아버지가 홀로 두 아이를 키웠다. 아들들은 완전히 다른 성격으로 자라났다. 장남은 매우 열심히 일했고, 혼자 있기를 좋아했다. 반면에 동생은 쾌활한 것을 좋아하고, 아주 게을렀다. 사실 동생은 대부분의 시간을 주변 마을에 가서 춤추며 노는데 보냈다. 이 두 아들이 각각 18, 20살이 되었을 때 아버지가 죽었다. 그리고 그들은 이제 자기 스스로 살아나가야 했다.

전통 관습에 따르면, 장남인 에요이는 아버지의 땅을 전부

---

[12] 물고기 막대는 2개의 막대기로 되어 있는데, 각 막대의 가운데에는 큰 물고기를 꿰놓고 양쪽 끝에는 작은 물고기를 꿰놓는다. 막대 하나냥 8마리의 물고기가 있는데, 전체로는 16마리가 된다. 이 막대들은 2개가 같이 묶여저서, 완전히 건조될 때까지 장작불에 훈제된다. 칼라바에서 물고기 막대 하나는 건기에 3실링에서 5실링 사이에 팔린다. 이 물고기 막대 하나는 커다란 참마 5개로 살 수 있는데, 오보리 추장이 가져간 참마 5개의 원가는 단 1실링이다. 그래서 각 카누마다 큰 이익이 남는다. 카누들은 한 대마다 약 천 개의 참마를 싣고 있다. 새우한 부대는 큰 참마 25개로 교환할 수 있는데, 새우는 15실링에 팔린다. 각 부대마다 10실링이 남는 셈이다. 그러나 오늘날에는 동일한 크기의 새우 부대가 우기에 칼라바에서 3파운드 10실링에 팔린다. 건기에는 1파운드 10실링에서 2파운드 사이이다.

가질 권리가 있었다. 그러나 동생을 매우 사랑했기 때문에, 그는 동생에게 집과 약간의 땅, 그리고 많은 양의 로드를 주었다. 에씨도는 돈을 갖게 되자 그전보다 더 과감해져서, 곧바로 자기 친구들에게 큰 잔치를 벌였다. 그의 집은 항상 여자들로 가득 찼고, 그는 여자들에게 많은 돈을 썼다. 그의 아버지가 죽었을 때 형이 주었던 재산이 상당히 많았음에도 불구하고, 에씨도는 몇 년 사이에 그 돈을 다 써버렸다. 그러자 그는 집과 소지품까지 팔아서 잔치하는데 썼다.

동생이 이렇게 흥청망청하며 사는 동안, 에요이는 그의 아버지가 하던 교역을 맡아서 그전보다 더 열심히 일했다. 그는 거의 매주 참마를 실은 카누들을 리오 델 레이로 보냈고, 카누들은 약 12일 후에 새우와 물고기들을 싣고 돌아왔다. 에요이는 그것들을 직접 근처 시장에서 처분했고, 금방 부자가 되었다.

그는 주기적으로 에씨도의 낭비벽을 나무랐다. 그러나 그의 경고는 아무런 효과가 없었다. 그의 동생은 오히려 더 나빠져 갔다. 마침내 그의 돈이 다 떨어지자, 에씨도는 형을 찾아와서 2,000 로드만 빌려달라고 했다. 그러나 에요이는 거절했고, 에씨도에게 지금의 방탕한 생활을 계속한다면 그를 도와주지 않을 것이라고 말했다. 그렇지만 만일 그가 농장과 장사 일을 한다면 그에게 이익의 정당한 부분을 줄 것이라고 말했다. 에씨도는 분개하면서 형의 제안을 거절했고, 마을로 돌아갔다. 그리고 그에게 남은 몇 안 되는 친구들에게 어떻게 하는 것이 좋겠냐고 자문을 구했다.

그가 자문을 구한 친구들은 철두철미하게 나쁜 놈들이었고, 오랫동안 에씨도를 우려먹었다. 그들은 에씨도에게 마을을 돌면서 그동안 같이 놀았었던 사람들에게서 돈을 빌리라고 했다. 그러고 나서 칼라바에서 걸어서 4일 걸리는 거리에 있는 '아크파브료' 마을로 도망치자고 했다. 에씨도는 그렇게 하기로 했다. 많은 사람이 그에게 돈을 빌려주는 것을 거절했지만, 그래도 에씨도는 어렵사리 제법 많은 돈을 빌렸다. 그리고 밤이 되자 에씨도는 나쁜 친구들과 출발했다. 친구들은 에씨도의 돈을 보고 무척 흥분했다. 왜냐하면 그들은 악명이 널리 퍼져서 스스로는 한 푼도 돈을 빌릴 수 없었기 때문이다. 에씨도와 친구들이 아크파브료 마을에 도착했을 때, 그들은 많은 아름다운 여자들과 우아한 댄서들을 발견했다. 그래서 그들은 예전과 똑같은 삶을 다시 시작했다. 몇 주가 지나고 나자 대부분의 돈이 사라졌다. 그러자 그들은 모여서 어떻게 돈을 더 마련할까를 논의했다. 그들은 에씨도에게 부자 형을 찾아가서, 앞으로는 과거의 생활을 청산하고 착실하게 일을 하겠다고 말하라고 했다. 그러면 형이 에씨도를 받아 줄 것이라고 했다. 일단 형에게 접근하고 나서, 기회를 보아서 형의 음식에 독약을 넣으라고 했다. 형이 죽으면 형의 재산은 모두 에씨도의 차지가 될 것이고, 그러면 그들은 예전처럼 재미있게 살 수 있을 것이라고 했다. 독약은 자기들이 아는 사람을 통해 구하겠다고 했다.

매우 풀이 죽어있던 에씨도는 이 계획에 동의했고, 그들은 다음 날 아침 아크파브료 마을을 떠났다. 이틀을 걸어서 그들은 수풀 속에 있는 작은 오두막에 도착했다. 그곳에는 '오크포네십'이라는 독약 전문가가 살고 있었다. 그는 그 나라의 수석 주술사였다. 에씨도와 친구들은 그에게 800 로드를 주었다. 주술사는 비밀을 지키기로 맹세를 했고, 에씨도에게 형을 석 달 안에 죽일 수 있는 치명적인 독이 든 작은 꾸러미를 주었다. 에씨도가 할 일은 형의 음식에 그 독을 넣는 것이 전부였다.

에씨도는 형의 집에 도착해서, 과거에 살아온 방식에 대해서 몹시 후회하는 척했다. 그러면서 형에게 앞으로는 열심히 일을 하겠다고 말했다. 에요이는 그 말을 듣고 매우 기뻐했다. 그는 즉시 동생을 집으로 들어오라고 했고, 새 옷과 먹을 것을 주었다. 며칠 후 저녁에 식사가 준비되고 있을 때, 에씨도는 파이프에 불을 붙이기 위해 아궁이를 찾는 척하면서 주방으로 갔다. 요리사는 자리에 없었고, 주위에는 아무도 없었다. 그는 수프에 독을 넣고 거실로 돌아왔다. 그리고 그는 톰보 요리를 달라고 했고, 음식이 나오자 그것을 다 먹었다. 그리고 자기는 더 이상 먹고 싶지 않다고 말하고 자러 갔다. 형 에요이는 혼자서 저녁을 먹었고, 수프를 다 먹었다. 일주일이 지나자, 에요이는 몸이 매우 아픈 것을 느끼기 시작했고, 날이 갈수록 상태가 더 나빠져 갔다. 그래서 그는 자기 주술사를 불렀다. 에씨도는 주술사가 오는 것을 보고 조용히 집을 나갔다. 주술사는 점괘를 뽑아보고는 에씨도가 형에게 독을 먹였다는 것을 알아차렸다. 주술사가 이 사실을 말하자 에요이는 주술사의 말을 믿으려 하지 않았다. 그는 불같이 화를 내면서 주술사를 쫓아버렸다. 에씨도가 돌아오자 에요이는 주술사가 했던 말을 그에게 들려주면서, 자기는 한순간도 주술사의 말을 믿지 않았으며, 그를 내쫓아버렸다고 말했다.

에씨도는 그 말을 듣고 매우 안도하게 되었다. 그렇지만 범죄에 대한 혐의를 감추기 위해서, 집안의 수호신에게 가서 자기는 절대로 형에게 독을 투여하지 않았다고 맹세했고, 단지의 물을 마셨다.13)

---

13) 모든 집에는 중앙에 작은 수호신을 모시는 장소가 있다. 그것은 일반적으로 약간이 기괴하게 생긴 돌들과 '우시아트' 새들이 집을 짓는 작은 나무들로 만들어져 있다. 가끔은 밭부분에 선인장이 있고, 나무에 기대놓은 막내를 위로 노끈으로 만든 단지가 타이-타이 줄기나 새끼줄로 묶여있다. 단지 안에는 항상 역한 냄새가 나는 액체가 들어 있는데, 흔히 썩은 달걀들이 그 안에 떠 있다. 이 수호신들에게는 간소한 제물들이 바쳐지는데, 대개 닭 같은 것이다. 사람들은 이 수호신에게 자주 기원을 한다. 단지 안의 액체는 가끔 병이나 독에 대한 특별 처방으로 사용되기도 한다. 건기에 필자는 종종 커다란 거미가 이 수호신 전체에 거미줄을 치는 것을 목격하곤 했다. 그러나 이 거미줄은 절대 건드려서는 안된다. 그곳에는 또한 거칠게 조각된 나무 형상이 있고, 어떨 때는 낡은 마체테 칼이나 부서진 도기들이 바닥에 있다. 황동 막대나 금속제 반지들이 있는 경우도 있다. 그곳은 일반적으로 매우 더러운 장소이다.

독약을 먹고 나서 석 달이 지나자, 에요이가 죽었다. 그를 알던 모든 사람이 큰 슬픔에 빠졌다. 그는 매우 존경 받는 인물이었다. 그의 막대한 재산 때문이 아니라, 그가 올곧고 정직한 사람이었고, 누구에게도 해를 끼친 적이 없었기 때문이다.

에씨도는 전통 풍습에 따라서 형의 장례를 치렀다. 큰 놀이판과 춤판이 벌어져서 오랫동안 지속되었다. 그러고 나서 에씨도는 자신의 인기를 회복하기 위해 옛 채권자들의 빚을 다 갚았다. 그리고 집을 열어두고 아주 호화롭게 즐기면서, 온갖 어리석은 방식으로 그의 돈을 썼다. 모든 나쁜 여자들이 그의 집에 몰려들었고, 그의 옛 나쁜 친구들은 예전에 하던 짓을 계속했다.

상황은 매우 나빠져서 점잖은 사람들은 아무도 그와 관계를 맺으려 하지 않았다. 마침내 나라의 추장들이, 에씨도가 죽은 그의 형의 재산을 낭비하는 것을 보고서 다 같이 모였다. 그리고 최종적으로 그가 사악한 인간이고, 재산을 가로채기 위해서 형을 독살했다는 결론을 내렸다. 모두가 죽은 에요이의 친구들이었고, 그의 죽음을 매우 애석해 하던 추장들은 만일 에요이가 살아있었다면 위대하고 강력한 추장이 됐으리라는 것을 알고 있었다. 그들은 에씨도에게 '에크파워' 약을 먹이기로 결정했다. 에크파워는 매우 강력한 약인데, 그 약을 마시면 약 기운이 사람의 머릿속으로 들어간다. 그래서 진실을 말할 수밖에 없게 되고, 만일 그 약을 먹은 사람이 잘못한 것이 있으면 금방 죽게 된다.

결국, 에씨도는 재판정에 출두하라는 명을 받았다. 에씨도가 도착하자 추장들은 그를 자기 형을 사악한 마법으로 죽인 혐의로 기소했다. 에씨도는 혐의를 부인했지만, 추장들은 만일 그가 죄가 없다면 그의 앞에 놓인 에크파워 약이 담긴 사발을 마심으로써 증명을 해야 한다고 말했다. 마시는 것을 거부할 수가 없었기 때문에 에씨도는 두려움에 떨면서 사발을 들이켰고, 금방 약 기운이 그를 사로잡았다. 에씨도는 자신이 형을 독살했음을 자백했다. 그리고 그의 친구들이 그렇게 하라고 사주했다는 것도 이야기했다. 에크파워를 마시고 두 시간쯤 지나서 에씨도는 큰 고통을 겪으며 죽었다.

그의 친구들도 재판정에 불려 와서 기둥에 묶였다. 그리고 에요이의 죽음에 그들이 맡았던 역할에 대해서 질문을 받았다. 그들이 대답도 못할 정도로 겁에 질려 있었기 때문에, 추장들은 그들이 에씨도에게 형을 독살할 것을 유도했다는 사실을 에씨도를 통해서 알고 있다고 말했다. 그들은 에요이가 묻혀 있는 곳으로 끌려갔다. 무덤이 다시 파서 열렸고, 그들의 목이 베어져서 무덤 안으로 굴러떨어졌다. 몸통은 그들이 행했던 나쁜 짓에 대한 속죄의 제물로 무덤에 던져졌다. 그리고 나서 무덤은 다시 흙으로 덮였다.

그때 이후로, 누군가가 사악한 존재로 의심을 받게 되면, 에크파워 약으로 시험을 받아야 한다.

두 마을 사이에 전쟁을 불러온 닭 …

'에크포'와 '에팀'은 동복이부(同腹異父) 형제였다. 그들은 어머니가 같았지만, 아버지가 서로 달랐다. 그들의 어머니는 처음에는 듀크 마을의 추장과 결혼했다. 그리고 에크포가 태어났다. 그렇지만 시간이 지나자 그녀는 에크포의 아버지에게 싫증이 나서 칼라바로 갔다. 그곳에서 그녀는 '에주카'와 결혼을 했고, 에팀을 낳았다.

이 두 소년은 성장해서 부자가 되었다. 에크포는 닭을 한 마리 가지고 있었는데, 그는 그 닭을 매우 좋아했다. 매일 같이 에크포가 앉아서 닭에게 모이를 주려고 하면, 그 닭은 식탁 위로 날아올라서 모이를 먹곤 했다. 칼라바의 원주민인 '아마 우크와'는 이 두 형제와 친구 사이였다. 아마 우크와는 가난했고 겉으로는 두 형제와 친구인 척 했지만 속으로는 두 형제를 질투하고 있었다. 그는 언제고 가능하다면 형제들 사이에 분쟁을 일으켜야겠다고 마음먹고 있었다.

어느 날 형인 에크포가 크게 저녁을 내면서, 에팀과 많은 다른 사람들을 초대했다. 아마 우크와도 초대를 받았다. 손님들을 위해서 훌륭한 저녁 식사가 차려졌고, 많은 양의 야자 술이 제공되었다. 그들이 저녁 식사를 시작했을 때 애완용 닭이 식탁 위에 날아올라서, 에팀의 접시에 든 음식을 먹기 시작했다. 그래서 에팀은 자기 하인 중 한명에게 닭을 붙잡아서 연회가 끝날 때까지 집 안에 묶어 놓으라고 말했다. 그래서 하인은 수탉을 에팀의 집으로 옮겨서 안전하게 묶어 놓았다.

진탕 먹고 마신 후에 에팀은 밤늦게 자신의 친구 아마 우크와와 함께 집으로 돌아왔다. 그들이 잠자리에 들기 직전에, 아마 우크와는 에크포의 닭이 묶여있는 것을 보았다. 그래서 아침 일찍 그는 에크포의 집으로 갔고, 에크포는 그를 반갑게 맞았다.

에크포가 이른 아침 식사를 할 시간인 아침 8시경, 그는 애완용 닭이 보이지 않는 것을 알았다. 그가 닭이 보이지 않는다고 하자, 아마 우크와는 그에게 지난밤에 저녁 식사를 하고 있던 도중에 그의 동생이 닭을 잡아갔고, 에크포가 어떻게 나오는지를 보려고 그 닭을 죽이려고 한다고 말했다. 에크포는 그 말을 듣고 매우 화가 났다. 그는 동생에게 아마 우쿠와를 다시 보내서 닭을 즉시 돌려보내라는 말을 전하라고 했다. 아마 우크와는 지시받은 대로 메시지를 전달하는 대신 에팀에게, 형이 자기 애완용 닭을 가져간 것에 대해서 매우 화가 나서 동생과 싸울 것이라고 말했다고 전했다. 그리고 두 마을 사이에 전쟁을 선포하기 위해서 자기를 보냈노라고 말했다. 그러자 에팀은 아마 우크와에게 형에게 돌아가서, 자신은 형이 무슨 일을 하든 준비가 되어 있노라고 전하라고 말했다.

아마 우크와는 에크포에게 가서 동생이 그를 공격할 것이라고 말했다. 그러면서 모든 사람을 농장에 불러 모아 싸움에 대비하라고 충고했다. 그리고는 에팀에게 돌아가서 같은 말을 했다. 아마 우크와의 이간질에 의해 두 형제간의 싸움은 피할 수 없게 되었다. 아아 우크와는 두 형제가 싸울 날을 조정하기까지 했다.

에팀은 자신의 병사들을 개울 반대편으로 포진시키고, 형을 기다렸다. 그러자 아마 우크와는 에크포에게 가서, 동생이 병사들을 데리고 싸우기를 기다리고 있다고 말했다. 에크포는 자기 병사들을 이끌고 동생에게 맞서러 갔다. 그리고 큰 전투가 벌어졌다. 양측 다 많은 사람이 죽었다. 전투는 하루 종일 지속되었고, 마침내 저녁이 될 때쯤에 칼라바의 다른 추장들이 모두 모여서 이 싸움을 중지시킬 것을 결정했다. 그래서 그들은 에그보들을 불렀고, 에그보들은 북을 들고 싸움터로 나가 싸움을 중단시켰다.

사흘 후에 큰 재판이 열렸다. 그곳에서 두 형제는 각자 자신의 입장에서 진술을 했다. 그들이 진술을 마치자 아마 우크와가

분쟁을 불러일으킨 것이 드러났고, 추장들은 그에게 사형을 명했다. 그의 아버지는 그를 구제하기 위해서 에그보들에게 5,000 로드와 황소 5마리, 그리고 7명의 노예를 바치겠다고 제안했다. 그러나 에그보들은 그의 제안을 거절했다. 그다음 날, 아마 우크와는 심하게 태형을 받고 나무에 24시간 동안 묶였다. 그리고 그다음 날 그의 목이 베어졌다.

에크포에게는 그의 애완용 닭을 죽이라는 명령이 떨어졌다. 왜냐하면, 그와 그의 동생 사이에 닭으로 인해 앞으로 어떠한 문제도 생겨서는 안 되기 때문이었다. 그리고 그 후로는 그 누구도 애완용 닭이나 애완용 동물을 길러서는 안 된다는 법이 통과되었다.

운 좋은 어부 …

　옛날에는 낚시 바늘이나 투망이 없었다. 그래서 고기를 잡으려는 원주민들은 통발을 만들어 강가에 덫을 쳤다.
　'아콘 오보'라는 남자가 있었는데, 그는 매우 가난했다. 그래서 그는 대나무를 가지고 통발을 만들었다. 강물의 수위가 낮아지면, 그는 웅덩이에 야자열매를 미끼로 쓴 통발을 설치했다. 밤에 큰 물고기가 야자열매 냄새를 맡고 통발 안으로 들어가면 즉시 통발 문이 닫혔다. 아침이 되면 아콘 오보는 통발에 가서 물고기를 꺼내오곤 했다. 다행히 물고기가 잘 잡혀서 그는 물고기들을 시장에 내다 팔아서 많은 돈을 벌었다. 아콘 오보는 지참금을 지불 할 정도의 여유가 생기자, '에용'이라는 여자와 결혼했다. 그녀는 '오쿠니' 원주민이었고, 그의 아이를 세 명이나 낳았다. 그러나 그는 물고기 잡는 일을 계속 했다. 장남의 이름은 '오데이'였고, 둘째는 '얌비', 셋째는 '아툭'이었다. 이 세 아들은 장성하자 아버지가 고기 잡는 것을 도왔다. 아콘 오보는 점점 더 부자가 되었고, 많은 노예들을 거느리게 되었다. 마침내 그는 에그보 그룹에 가입했고, 한 마을의 추장이 되었다. 그러나 추장이 된 이후로도 그는 고기 잡는 일을 계속했다.

어느 날 아콘 오보가 나무를 파서 만든 작은 카누를 타고 강을 건널 때, 갑자기 불어온 회오리바람에 카누가 뒤집혔다. 그는 그만 물에 빠져 죽고 말았다. 그의 아들들은 아버지가 익사했다는 소식을 듣자, 강으로 달려가서 자신들도 빠져 죽으려고 했다. 그러나 사람들이 간신히 그들을 말렸다. 이틀 동안 수색한 끝에 그들은 강 하류에서 아콘 오보의 시체를 찾았고, 마을로 가져왔다.

아들들은 친구들을 불러서 그들의 고유한 전통에 따라서 12일 동안 장례를 지내면서 놀고, 춤추고, 노래했다. 놀이 기간 동안 많은 야자 술이 소비되었다. 놀이가 끝나자 아들들은 아버지의 시신을 움푹 패인 동굴로 옮겼고, 두 명의 살아있는 노예들을 같이 안치했다. 한 노예는 전통 램프와 야자유를 들고 있었고, 다른 노예는 마체테 칼을 들었다. 그들은 모두 묶여있어서 도망칠 수가 없었다. 그리고 그들은 굶어 죽을 때까지 죽은 주인을 지키도록 그곳에 남겨졌다. 동굴이 닫히자 아들늘은 다 같이 아버지의 이름을 불렀고, 마을로 돌아와서 다시 7일 동안 에그보 축제를 벌였다.14) 그렇게 해서 아버지의 마지막 남은

---

14) 에그보 그룹은 같이 모이면, 야자 술과 음식을 그들이 먹고 마실 수 있는 한도

돈을 다 썼다.

장례가 끝나고 나자 추장들은 아들들이 아버지의 장례식에 사용한 돈의 액수에 깜짝 놀랐다. 그가 젊었을 때 얼마나 가난했었는지를 알고 있었기 때문이다. 그래서 그들은 그를 운 좋은 어부라고 불렀다.

까지 제공하는데, 이것은 상당한 비용이 든다. 악단의 연주에 따라 춤과 노래도 계속된다. 악단은 나무의 몸통을 파내서 만든 북들과, 전통적 방식으로 만들어진 벨들, 대나무를 바구니세공으로 엮어서 작은 돌을 안에 넣은 딸랑이 등으로 구성된다. 북은 두 개의 부드러운 나무 조각으로 두들겨서 소리를 내는데, 북의 바닥은 단단한 마른 가죽으로 되어 있고, 전체가 긴 섬유질의 테이프로 덮여 있다. 손으로 두들겨서 연주를 하는 북들도 있다. 이 북들은 속이 빈 나무로 만들어 졌는데, 한 쪽은 마른 가죽으로 덮여있고, 다른 쪽은 덮개를 덮지 않는다. 연주자는 일반적으로 두 개의 북 사이에 앉아서 연주를 하는데, 북들은 각각 다른 음을 낸다. 하나는 깊은 소리를 내고, 다른 쪽은 약간 높은 소리가 난다.

북치는 소년과 악어들 …

옛날에 칼라바 남쪽의 작은 마을인 '은시둥'에 '아프티옹 애니'라는 이름의 여자가 있었다. 그녀는 '에팀 에켕'이라는 이름의 '헨샴' 마을 추장과 결혼했다. 결혼한 지 몇 년이 지났지만, 그들에게는 아이가 없었다. 추장은 자신이 죽기 전에 아이를 갖기를 무척 원했기 때문에 수호신에게 제물을 바쳤다. 그렇지만 아무런 효과를 보지 못했다. 그래서 그는 마법사를 찾아갔고, 마법사는 추장에게 그가 너무 부유하기 때문에 아이가 없는 것이라고 말했다. 그래서 추장은 마법사에게 아이를 가지려면 어떻게 돈을 써야 하느냐고 물었고, 마법사는 보는 사람과 친구가 내시 큰 연회를 열면 돈이 없어져서 가난하게 될 것이라고 대답했다.

추장은 집으로 와서 부인에게 이 사실을 부인에게 말했다. 다음 날 그의 부인은 친구들을 모두 불러서 크게 저녁을 냈고, 그것은 많은 돈이 들었다. 많은 음식과 톰보 술이 소비되었다. 추장도 자신의 친구들을 접대했는데, 이 또한 많은 돈이 들었다. 그는 에그보 하우스에도 많은 돈을 썼다. 그의 재산의 절반이 없어졌을 때, 부인이 그에게 임신했다고 말했다. 추장은 매우 기뻐서 다음 날 큰 잔치를 벌였다.

그 당시 그 나라의 부자 추장들은 은밀히 악어 그룹이라는 조직에 가입해 있었다. 악어 그룹은 악명 높은 비밀 조직이었는데, 그들은 종종 주술을 부려 악어로 변신해서 물속에서 만나곤 했다. 그들이 악어 그룹에 가입하는 이유는 겉으로는 그들이 교역을 나갈 때 자신들의 카누를 보호하기 위해서였지만, 진짜 이유는 자신들의 그룹에 속하지 않는 사람들의 카누와 재산을 약탈해서 그들의 돈을 취하고 노예들을 죽이기 위해서였다.

추장 에팀 에켕은 친절한 사람이었고, 계속해서 이 그룹에 가입할 것을 강요받았지만, 그렇게 하지 않았다. 시간이 지나서 추장에게 아들이 태어났고, 추장은 그를 '에데트 에팀'이라고 이름 지었다. 그리고 추장은 에그보 그룹을 모두 불러서 축제를 벌였다. 마을의 모든 집의 문들이 닫혔고, 시장은 중단되었다. 여자들은 에그보들이 놀이를 벌이는 동안 집 밖으로 나오는 것이 허락되지 않았다. 축제는 며칠 동안 계속되었고, 추장에게 많은 비용이 들게 하였다. 그래서 그는 자신의 재산을 나눠서, 아들이 충분히 나이가 들면 아들에게 절반을 주어야겠다고 마음먹었다. 그러나 불행하게도 석 달 후에 추장은 죽었다. 갓난아이와 슬픔에 잠긴 부인을 남겨 놓고서.

부인은 남편을 위해 7년 동안의 상을 치렀고, 상을 다 치르자 남편의 전 재산을 물려받게 되었다. 죽은 추장은 형제가 없었기 때문이다. 그녀는 어린 에데트가 자랄 때까지 온갖 정성을 다해서 보살폈다. 에데트가 매우 세련되고 건강한 젊은이가 되자, 마을의 모든 예쁜 소녀들의 선망의 대상이 되었다. 그의 어머니는 그녀들과 어울려 다니지 말라고 강하게 경고했다. 왜냐하면 그녀들이 그를 타락시킬 것이기 때문이었다. 그러나 소녀들이 놀이를 벌일 때면, 그녀들은 에데트를 자신들의 놀이에 초대하곤 했다. 에데트는 놀이에 갔고, 그녀들은 춤을 추기 위해서 그에게 북을 치게 했다. 많은 연습을 한 끝에 에데트는 마을에서 최고의 북 연주자가 되었다. 그리고 소녀들은 놀이가 있을 때면, 언제나 에데트를 불러서 자신들을 위해서 북을 쳐달라고 했다. 에데트의 인기는 점점 높아졌다. 심지어 많은 젊은 여자들이 남편을 버리고 에데트에게 와서 자신들과 결혼해달라고 했다.

이 사실은 마을의 모든 젊은 남자들을 질투심에 불타게 했다. 결국, 악어 그룹의 젊은 남자들이 밤에 같이 만나서 에데트를 죽이는 최선의 방법이 무엇일지 신중하게 논의했다. 그들은 에데트가 강으로 목욕하러 갔을 때, 악어들이 그를 잡아먹도록 유도하기로 했다. 어느 날 밤 에데트가 강에서 몸을 씻고 있을 때, 악어 한 마리가 그의 발을 물었다. 그리고 다른 악어들이

와서 허리를 돌아가며 물었다. 에데트는 열심히 싸웠지만, 결국 악어들은 그를 깊은 물속으로 끌고 들어가서, 악어의 집으로 데려 갔다.

그의 어머니가 이 소식을 들었을 때, 그녀는 아들을 되찾아 오기 위해 최선을 다하겠다고 결심했고, 장례식 때 완전히 침묵을 지켰다. 악어 그룹의 젊은 남자들은 에데트의 어머니가 침묵을 지키고 울지 않는 것을 보고서, '매와 부엉이 이야기'를 떠올렸다. 그래서 에데트를 당분간 살려두기로 했다.

새벽이 되어 닭이 해를 치기 시작하자, 에데트의 어머니는 울기 시작했다. 그리고 그녀는, 남편의 영혼에게 잃어버린 아들을 되찾아오기 위해서 어떻게 하는 것이 좋은지 물어보기 위해서, 죽은 남편의 무덤으로 갔다. 한참의 시간이 지난 후, 그녀는 손에 작은 녹색의 어린 나뭇가지를 가지고 강가로 갔다. 그녀는 나뭇가지로 물을 두드리면서 칼라바 강의 모든 귀신을 불러내서, 아들을 찾는 것을 도와달라고 했다. 그리고 그녀는 집으로 가서 많은 로드를 가지고 농장에 있는 주술사를 찾아갔다. 주술사의 이름은 '이니넨 오콘'이었다. 그는 아주 손재주가 많고, 많은 강력한 주술기구들을 가지고 있었기 때문에 그렇게 불렸다.

악어 그룹은 에데트의 어머니가 이니넨 오콘을 찾아갔다는 말을 듣고서 모두 공포에 떨었다. 그래서 에데트를 돌려주고 싶었지만, 그렇게 할 수는 없었다. 왜냐하면, 그것은 그룹의 규칙에 어긋나는 것이었기 때문이다. 주술사는 에데트가 아직 살아 있고, 악어의 집에 억류되어 있다는 것을 알아내고서 그의 어머니에게 참고 기다리라고 말했다.

사흘 뒤에 이니넨은 다른 악어 그룹에 가입해서, 악어의 집을 조사하러 갔다. 악어의 집에 도착했을 때 그는 자신이 찾던 에데트를 발견했다. 그러나 악어들은 조수의 썰물 때, 모든 악어들이 먹이를 먹으러 나갈 때도 에데트에게 감시를 붙여 놓았다. 그래서 이니넨은 그의 어머니에게 돌아와서 기다리라고 말했다. 그러면서 7일 내로 악어들이 먹이를 먹으러 나갈 때, 안심하고 모두 집을 나가서 집에는 아무도 남지 않게 만들 주술을 쓰겠다고 했다. 이니넨은 주술을 썼고, 젊은 악어들은 아무도 에데트를 찾으러 오지 않기 때문에, 썰물 때 모두가 먹이를 먹으러 가도 되겠다고 말했다. 그리고 어느 날 먹이를 먹으러 나가면서 집 지키는 담당을 아무도 남겨 놓지 않았다. 그들이 돌아왔을 때, 그들은 에데트가 여전히 그곳에 있는 것을 보았다. 모든 것이 그들이 집을 나설 때 그대로였다. 왜냐하면 이니넨이 그날 오지 않았었기 때문이다.

그 뒤로 삼 일이 지나자 악어들은 또다시 모두 밖으로 나갔다. 그리고 이번에는 멀리 나가게 되어서 금방 돌아올 수가 없었다. 이니넨은 조수가 빠지는 것을 보자, 악어로 변신해서 악어의 집으로 헤엄쳐 갔다. 그리고 그곳에서 기둥에 사슬로 묶여 있는 에데트를 발견했다. 그는 도끼를 찾아서 기둥을 자르고 에데트를 풀어줬다. 그러나 에데트는 물속에 너무 오래 있었던 탓에, 귀가 먹고 벙어리가 되어 있었다. 이니넨은 젊은 악어들이 남겨 놓은 몇 벌의 허리 옷을 발견했다. 그래서 그는 왕에게 보여주기 위해서 그 옷들을 모두 챙겼다. 그리고 이니넨은 에데트를 데리고 그곳을 떠났다.

에데트를 데리고 집에 도착하자 주술사는 에데트의 어머니에게 아들을 보러 오라고 했다. 그러나 어머니가 도착했을 때 에데트는 그녀를 바라보기만 할 뿐, 말을 할 수가 없었다. 어머니가 에데트를 껴안았지만, 아들은 어머니를 전혀 알아보지 못했다. 에데트는 아무것도 이해할 능력이 없어 보였고, 그냥 조용히 주저앉을 뿐이었다. 그러자 주술사는 에데트의 어머니에게 며칠 내로 그를 치료하겠다고 말했다. 주술사는 몇 가지 주술기구를 만들었고, 에데트에게 약을 주었다. 시간이 지나자 에데트는 다시 말을 할 수 있게 되었고, 감각을 되찾았다.

에데트의 어머니는 여전히 상복을 입고 그의 아들이 죽은 척했다. 그리고 자기 아들이 돌아왔다는 말을 아무에게도 하지 않았다. 악어들이 돌아왔을 때, 그들은 에데트가 사라졌고 누군가가 그들의 허리 옷을 가져간 것을 발견했다. 악어들은 사실 젊은 악어 그룹이 변신한 것이었다. 악어 그룹은 매우 걱정되어서 마을로 돌아와서 에데트를 보았느냐고 여기저기 물어보았다. 그러나 그에 대한 소식을 전혀 들을 수 없었다. 왜냐하면 그는 농장에 숨어있었고, 에데트의 어머니는 그들을 속이기 위해서 계속 상복을 입고 있었기 때문이다.

육 개월 동안 아무 일도 일어나지 않았다. 그래서 악어 그룹은 이 일에 대해서 완전히 잊어버렸다. 그러자 어머니인 아피티옹은 마을의 추장들을 찾아갔다. 그리고 그들에게 팔라바 하우스에서 젊은이나 늙은이나 모든 사람이 다 참석하는 큰 모임을 열어달라고 요청했다. 그러면 자기 아들이 악어들에게 죽었기 때문에, 전통 관습에 따라서 죽은 남편의 재산을 나눠주겠다고 말했다.

다음 날 추장들은 사람들을 모두 불러 모았다. 에데트의 어머니는 아침 일찍 에데트를 팔라바 하우스 뒤에 있는 작은 방에 들어가 있도록 했다. 그리고 그에게 주술사가 악어의 집에서 가지고 온 7벌의 허리옷을 가지고 있게 했다. 추장들과 모든 사람들이 자리에 앉자, 아프티옹은 일어서서 다음과 같이 말을 하면서 그들에게 이야기했다.

"마을의 추장들과 젊은이들이여, 8년 전에 나의 남편은 훌륭한 젊은이였습니다. 그는 나와 결혼했고, 우리는 오랫동안 아이를 갖지 못한 채 같이 살았습니다. 마침내 나는 아들을 낳았지만, 내 남편은 그 후 몇 달 만에 죽었습니다. 나는 정성을 다해서 아들을 키웠습니다. 그러나 그는 뛰어난 북 연주자이자 댄서였기 때문에, 젊은 남자들이 질투를 했고, 그를 악어에게 잡혀가도록 만들었습니다. 이 자리에 누구든 나에게 만일 내 아들이 살아 있었다면 무엇이 되었을지 말해 줄 수 있는 사람이 있습니까?"

그리고 나서 그녀는 사람들에게, 그토록 많은 젊은이를 죽인 악어 그룹에 대해 어떻게 생각하느냐고 물었다.

많은 노예를 잃었었던 추장들은 그녀에게, 만일 그녀가 악어 그룹의 어떤 구성원에 대해서든 증거를 제시한다면, 즉시 그 그룹을 없애겠다고 말했다. 그러자 그녀는 이니넨에게 자기 아들 에데크를 데리고 나오라고 불렀다. 이니넨은 방에서 에데트의 손을 잡고 나왔다. 그리고 추장들 앞에 허리 옷이 들어있는 보따리를 가져다 놓았다.

악어 그룹은 에데트를 보자 소스라치게 놀라서, 팔라바 하우스에서 나가려고 했다. 그러나 그들이 나가려고 일어서자, 추장들이 그들에게 당장 앉으라고 말했다. 그래서 그들은 다시 앉을 수밖에 없었고, 주술사는 그가 어떻게 악어의 집에 갔으며, 어떻게 에데트를 그의 어머니에게 데려다주었는지를 말했다. 그는 또한 악어의 집에서 발견한 7벌의 허리 옷에 대해서도 말했다. 그러나 그는 악어 그룹에 대해서 아무 말도 하지 않으려고 했는데, 그 옷의 주인들은 추장들의 아들들이었기 때문이다.

그러나 나쁜 그룹을 없애고 싶었던 추장들은 주술사에게 즉시 자신들에게 모든 것을 다 말하라고 했다. 그러자 주술사는 보따리를 풀고 옷을 하나씩 하나씩 꺼냈다. 그러면서 옷 주인들을 부르면서 옷을 가져가라고 말했다. 악어 그룹이 자신들의 옷을 가지러 나오자, 그 자리에 그대로 있으라는 명을 받았다. 그리고 그들이 속해있는 그룹의 멤버들 이름을 대라는 명령이 떨어졌다. 그래서 일곱 명의 악어 그룹 남자는 자신들의 그룹에 속해있는 멤버들의 이름을 모두 실토했다. 모두 32명이었다. 이들은 한 줄로 세워졌고, 추장들은 그들 모두를 다음 날 강가에서 사형에 처하라는 선고를 내렸다. 그들은 모두 기둥에 같이 묶였고, 7명의 악어 그룹에는 감시자가 붙었다. 사람들은 불을 피우고 밤새도록 북을 쳤다.

아침 일찍 새벽 4시경에 팔라바 하우스의 지붕에 커다란 나무 북이 설치되었고, 악인들의 죽음을 알리기 위해 북소리가 울려 퍼졌다. 이것은 오늘날까지 풍습으로 남아있다.

죄수들은 기둥에서 풀려나서 손을 등 뒤로 해서 묶였다. 그리고 강변을 향해 걸어 내려갔다. 그들이 강변에 도착하자 수석 추장이 사람들에게 말했다.

"이곳은 내가 추장으로 있는 작은 마을이다. 그리고 나는 이 나쁜 풍습을 근절하기로 했다. 많은 사람이 살해되었기 때문이다."

수석 추장은 날카로운 마테체 칼을 들고 있는 사람에게 한 죄수의 목을 베라고 말했다. 그는 또 날카로운 칼을 들고 있는 다른 사람에게 다른 죄수를 산 채로 껍질을 벗기라고 했다. 무거운 몽둥이를 가지고 있는 세 번째 남자는 다른 죄인을 때려죽이라는 명을 받았다. 이런 식으로 추장은 32명의 죄수 모두를 그가 생각해낼 수 있는 가장 끔찍한 방식으로 죽였다. 그들 중의 몇 명은 강 속에 있는 기둥에 묶였고, 조수가 밀려와서 그들을 익사시켰다. 다른 죄수들은 죽을 때까지 태형을 맞았다.

　그들이 모두 죽고 나자 오랜 세월 동안 아무도 악어에게 죽지 않게 되었다. 그러나 그 일이 있고 난 뒤 얼마 되지 않아, 강과 마을 사이에 있는 길에 땅이 꺼져서 아주 크고 깊은 구멍이 생겼다. 사람들은 그것이 악어의 집이라고 말했다. 사람들은 그때부터 그 구멍을 메꾸려고 애를 썼지만, 아직까지도 메꾸지 못하고 있다.

나이지리아 남부 민담들

초판인쇄 2016년 10월 18일
초판발행 2016년 10월 20일

지 은 이 엘핀스톤 데이렐
옮 긴 이 홍명희

펴 낸 이 신성길
펴 낸 곳 도서출판 디 시 링
주   소 서울시 동작구 사당로8길(상도동)
전   화 02)812-3694
홈페이지 www.jin3.co.kr
등록번호 1999.5.24. 제17-287호

ISBN 978-89-97756-24-7 94930
     978-89-97756-19-3 94930 (세트)

값 17,000원
ⓒ 2016